놀랠 로자 노자 말씀

죽간으로 보는 완전 새로운 도덕경

역주 구시울 정재영

머리말

갑골문, 금문과 사랑에 빠져 그 속에서 헤매온 지가 참으로 여러 해인데 우연한 기회에 죽간본 도덕경을 보게 되었다.

그 쓰인 연대가 B.C. 4~5세기 경(중국 전국 시기 말엽)이라고 하니, 죽간에 쓰인 글자들은 갑골문, 금문과 상당히 가까운 시기의 문자이므로 나의 호기심을 불러일으키기에 충분했다.

젊은 시절에 노자의 도덕경을 접하고 그 뜻을 이해해 보려고 애써 보기도 했었지만 그때는 선뜻 그 뜻이 다가오지 않았었는데 이참에 한번 《노자》 원본을 통해 노자의 육성을 들어보기로 마음먹었다.

도덕경은 동서고금의 수많은 공부하는 이들이 그 참뜻을 헤아리고자 애써왔으나 그 뜻하는 바가 너무 크고 표현하는 바가 너무 함축적이어서 정확한 뜻을 알기가 어려웠던 것이 사실이다.

1993년 중국 호북성 곽점촌에서 죽간으로 된《노자》(이하 죽간본 노자)가 발견된 것은 그로 인해《노자 도덕경》의 그 본뜻을 헤아리고 오랜 시간 전승의 과정에서 범해졌던《노자》에 대한 오해들을 수정하는 데 도움이 될 수 있게 되었음은 참으로 다행한 일이다.

우선 보존 상태가 양호하여 쓰인 글자의 대부분을 알아볼 수 있는 갑본을 먼저 재해석하기 위해서 이 책을 쓴다.

죽간본을 해석하면서 느낀 점은 도덕경이 너무 오래전에 쓰인 글이기도 하지만, 그 원문의 내용이 정확하게 전해지지 않은 상태에서 여러 종류의 판본이 존재하고 그 주석이나 해석이 너무나 다양해서 혼란스럽다는 것이다.

또 거기 쓰인 글자들의 상당수가 가차자, 이체자, 와변자(잘못 전해진 글자)라고 설명해 놓은 기존의 도덕경 해설서들도 납

득이 되지 않는다.

A.D. 1세기경에 후한의 허신이 저술한 그 시대의 한자 자전격인 《설문해자》에 수록된 글자만 해도 1만 자에 가까운데 어째서 그보다 불과 몇백 년 전에 쓰인 죽간에 그리도 많은 가차자, 이체자, 와변자들이 들어 있다는 말인가?

우리가 지금 자주 쓰는 상용한자가 많이 잡아도 3,000자를 넘지 않으니 10,000자라면 어디서 글자를 빌려 올 필요는 거의 없다.

또 빌려온다면 어디서 빌려온다는 말인가?

또 그간의 축적된 연구와 정보기술의 발달로 인하여 다양한 이체자들은 손쉬운 검색만으로도 대부분 규명할 수 있게 되었다. 또 와변자라하여 잘못 전해졌다고 설명하고 있는 글자들도 그 글자가 와변된 것이 아니라 원문 속의 많은 글자들을 곡해하다 보니 《죽간 노자》는 이해 불가의 글이 되어 버렸고 이를 억지로 견강부회식으로 말을 만들다 보니 아무리 해도 설명할 수 없는 부분이 생겨나게 되었는데 글자가 너무 단순하고 명확해서 가차자, 이체자라고 치부하기 어려운 글자를 와변이라하여 잘못된 글자 취급하였던 것이었다.

이렇게 원래의 글자들을 잘못 옮기는 바람에 도덕경은 그리도 이해하기 어렵고 난해한 글이 되어버린 것이다.

책의 이름이나 분장의 순서만 해도 그렇다.

B.C. 168년경에 쓰였다고 하는 《백서본》에는 덕경(德經)이 먼저 나오고 도경(道經)이 나중에 나오므로 《덕도경》이라 해야 하겠으나, 현재까지 가장 많이 통용되고 있는 중국 위나라 시기의 천재 소년 왕필이 정비, 재구성하고 주석한 《왕필본 도덕경》(이하 통행본)은 도경을 앞에 덕경을 뒤에 둠으로 인해서 《도덕경》이 된 것이다.

어쩌면 이때부터 하늘의 도를 깨달으라는 말씀인 득도경(得道經)이 세상을 훔치기 위한 처세와 요령을 담은 말씀 도둑경으로 변모했을지도 모른다.

이 책에서 다루고 있는 죽간본에서는 도경이니 덕경이니 하는 구분이 있는 것도 아니므로 이를 굳이 따질 필요도 없겠으나 그 이름, 분장 순서에서부터 많은 혼란이 있다는 것이다.

이 책의 글 순서는 《노자》 원문인 죽간본의 순서에 따랐으며 편의를 위해 통행본의 장수를 부기해 두었다.

또 노자가 누구인가에 대해서도 의문과 논란이 많다.

사마천은 그가 저술한 《사기》 중의 〈노자신한열전〉에서 주나라 도서관격인 수장실 관리 이담, 진 헌공 시기의 태사 담, 초나라의 노래자 등의 이야기를 전부 노자와 관련된 이야기로 기록해 두기만 하였을 뿐이다.

종교, 정치, 철학, 문화 등 여러 방면에서 실로 다양하고 중대한 영향을 끼쳐온 것이 노자의 사상인데 우리는 노자가 누구인지조차 명확하게 알지 못한다는 사실도 의아하다.

심지어는 노자가 인도에 가서 석가모니에게 가르침을 베풀었다거나 석가모니가 원래 노자가 다른 모습으로 태어난 화신이라는 전설도 있다고 한다. 그만큼 노자와 석가모니의 사상은 닮아있다.

그렇다면 누가 진짜 노자란 말인가?

아니, 노자가 실존 인물이기는 한 걸까?

《노자》의 원작자가 누구인지 아직까지 베일에 가려져 있는 것이다. 《죽간본 노자》에 없는 내용들이 죽간본보다 이후에 쓰인 것으로 알려진 《백서본 노자》에 대폭 추가된 것으로 봤을 때, 시간이 흘러오면서 《노자》의 내용은 고쳐지고 추가되고 곡해되어왔다고 보는 것이 옳을 것 같다.

사마천이 열거한 인물 중에 가장 시기가 앞서는 주나라 수

장실 관리 업무를 담당하던 노담(본명: 李耳)이 그가 근무하는 도서관에서 지금의 《노자》와 맥이 통하는 어떤 자료(그것은 금문일 수도 있고 갑골문일 수도 있고 아니면 어떤 다른 저작물일 수도 있을 것이다)가 있었는데 이를 정리하여 후세에 전한 것이 지금의 《노자》라고 추정해 볼 수도 있을 것 같다.

그렇다면 그 원래의 그 《노자》를 작성한 이가 누구인지, 어느 나라 사람인지, 어느 나라 말을 쓰던 사람인지조차 단언할 수 있는 문제가 아니라는 것이다.

그런 측면에서 이 책에서 죽간에 쓰인 원문을 지금의 한자로 옮길 때에 표의문자인 글자 본의와 다양한 뜻에 충실하여 뜻을 새겨 보려고 노력하였고, 지금의 단편적인 한자 해석이나 중국어의 문법에 얽매이지는 않았다.

또 죽간이 발견된 곳이 중국 초나라의 곽점이라는 곳이니 당시 초나라의 글자를 우선적으로 참고하여 죽간의 글자를 다른 글자로 잘못 옮기는 우를 줄이고자 노력하였다.

그런데 죽간 원문을 현행 한자로 제대로 옮겨 놓고 그 뜻을 새기면 새겨볼수록 우리말 순서에 입각하여 해석할 때에 그 글의 뜻이 명확해지고 일관성이 생기는 것은 놀라운 일이다.

이 글의 본문에서는 대체로 죽간에 쓰인 글자 순서대로 그 뜻을 새겨 우리말로 옮겼다는 것을 밝혀 둔다.

그런 점에서 본인 말대로 평생을 노자 연구에 몰두했다고 해도 과언이 아닐 분, 도올 김용옥 선생이 노자가 고조선 사람이 아닐까 생각하는 것도 일리가 있다는 생각이 든다.

그런데 놀라운 것은 신라 사람 최치원이 우리에게 유불선 이전의 풍류도, 신선도가 있다고 하였고, 신라 화랑도를 풍류도라고도 일컬었다 하였는데,《죽간 노자》의 본문 12장에 '악지왈도(樂知曰道), 즉 풍류(樂)가 드러나서 가는 것을 도(道)라 한다.'는 내용이 나온다는 것이다.

여기서의 知(알 지)는 그 속에 矢(화살 시)가 들어 있는 것만 봐도 알 수 있듯이, 단순한 앎이 아니라 그 앎을 드러내는 것을 내포하는 글자이다. 자전에도 知가 드러낸다는 뜻도 있다고 나온다.

또 본문 내용을 읽어 보시면 알게 되겠지만 원래 죽간에 쓰인 글자들을 복원해 놓고《죽간 노자》를 재해석해 보니 이는 석가모니 이전의 원시불교의 경전이라 해도 과언이 아니라 할 정도로 불교 사상과 궤를 같이하고 있다.

또 단군신화나 성경에나 나올 법한 이야기들도 많이 나오는데, 이것은 지금으로서는 이해할 수도 없고 설명하기도 어려운 부분이니 이후의 연구 과제로 남겨 둔다.

죽간에 쓰인 글자들은 일 점, 일 획도 허튼 것이 없어 보이는데 다만 우리가 알아듣지 못하는 부분이 있었을 따름이니 가체자, 이체자, 와변자 이런 소리 하지 말고 '노자 말씀'을 앞으로 더 바르게 옮기고 새기기 위해 노력해야 할 것이다.

앞으로의 더 많은 연구와 이 책을 보시는 분들의 지도와 편달, 날카로운 지적과 비판이 필요한 부분이다.

이 책을 보시는 모든 분들에게 《노자》의 뜻이 온전하게 전해지기를 기원해 본다.

마지막으로 이 책이 나오기까지 많은 조언과 도움을 준 아내와 딸, 그리고 멀리서 마음으로 응원해 준 아들에게 감사의 뜻과 사랑하는 마음을 전하며 글을 맺는다.

2023. 3. 8.

구시울

목차

죽간 갑본

(중국 형문시 박물관 소장)

자료 출처 金漢熙의 맑은 샘 漢文
(https://m.blog.naver.com/hanhyi)

본문의 죽간 글씨는 저작권 문제로 역자가 직
접 쓴 것을 수록하였으나 최대한 죽간의 글자
와 같게 필사하려고 노력하였습니다. 죽간본
의 글자를 지금의 통용 한자로 옮기는 데 최재
목 역주의 《노자》가 많은 도움이 되었습니다.

甲

01
02
03
04
05
06

一〇　九　八　七　六　五　四　三　二　一

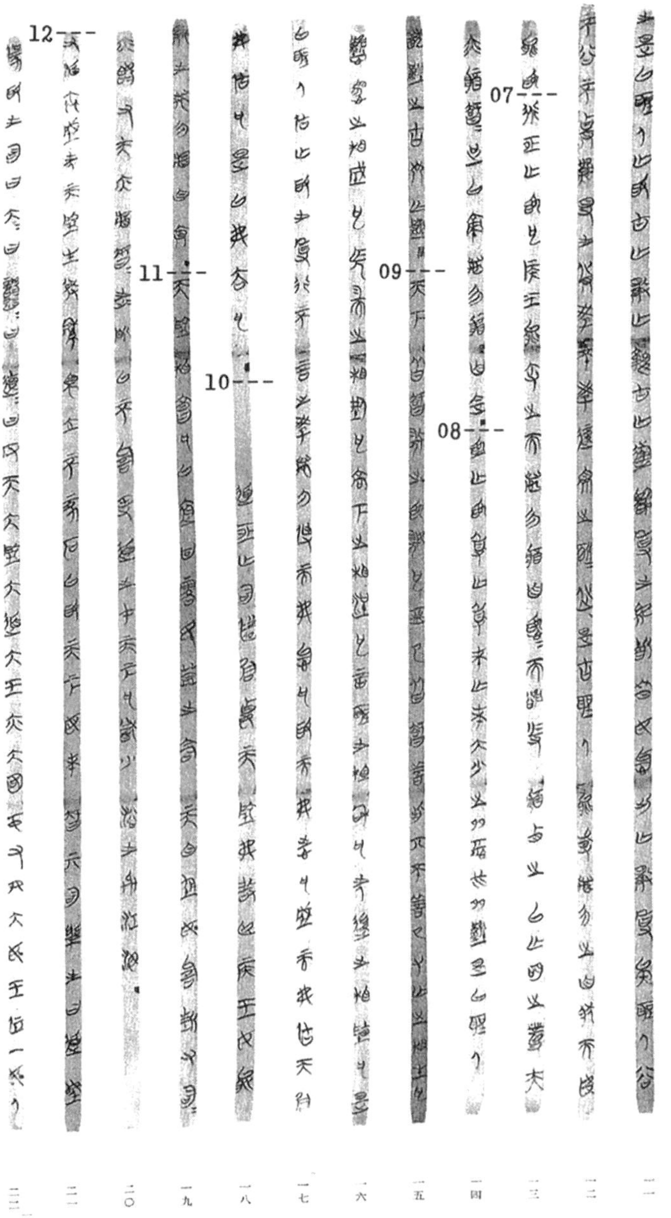

12
11
10
09
08
07

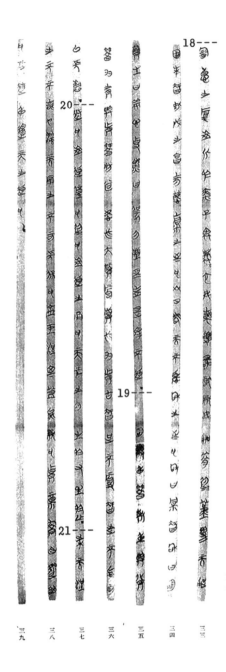

제1장 단지기편

지혜를 판단하여 회초리 치는 것은 (통행본 19장)

①	②	③	④	⑤	⑥	⑦	⑧
斷	智	棄	鞭	民	利	百	伓
단	지	기	편	민	리	맥	배

　지혜를 판단하여 다시 내려 보내 회초리를 치는 것은 어리석은 이들[1]이 그 유익한 지혜를 얻기 위해 더 힘쓰게 하기 위함이고

---

1) 民利를 「禮記(예기)」에서 先財而後禮則 民利(재물을 禮(예)보다 우선시하는 것이 民利이다)라고 풀이하고 있다. 여기서의 民은 백성이라는 뜻이 아니라 어리석다는 뜻이다.

① 斷(단) 판단하다, 끊다; 죽간의 ⿰은 刀(칼 도)와 幺(작을 요)를 요소로 하고 있으므로 繼(이을 계)로 볼 여지도 있으나, 《죽간 노자》 을본 3장(통행본 20장, 절학무우)에 나오는 ⿰과는 모양이 다르므로 繼는 아니라고 본다. 통행본은 ⿰을 絶(끊을 절)로 옮겼으나 이는 잘못된 것이다. 허신의 《설문해자》에 絶의 古文字는 ⿰라고 했으며, 繼는 糸(가는실 멱)과 ⿰(끊을 절)을 요소로 하고 ⿰, ⿰, ⿰로 쓰기도 하며 反⿰ 爲⿰, 즉 ⿰(이을 계)를 표현하기 위해 ⿰(끊을 절)을 반대로 뒤집은 것이라고 분명하게 설명하고 있다. 그러므로 죽간의 ⿰(갑본)과 ⿰(을본)을 모두 絶로 옮긴 통행본은 명백히 잘못된 것이다. 이러한 잘못은 노자에 대한 많은 논란을 야기하는 원인이 되었고, 심지어 노자를 '공부하지 말라'고 외치는 우민화 정책의 선봉자로 둔갑시켰다. 이 책에서 ⿰을 斷으로 새긴 이유는 斷의 옛 글자 ⿰가 叀(오로지 전)과 刀(칼 도)를 요소로 하고 있는데 ⿰가 刀에 幺 하나만을 합친 것은 '하나는 잇고 나머지는 끊는다'는 뜻으로 斷과 같은 의미를 표현하기 위한 것으로 판단하였으나 확실치는 않다. ⿰을 繼로 새겨도 본문과 의미상 큰 차이는 없다고 본다. 그러나 ⿰을 絶로 옮기면 완전히 다른 의미의 문장이 된다.

② 智(지) 지혜

③ 棄(기) 내버리다, 꺼려 멀리하다

④ 鞭(편) 채찍, 회초리 치다; 鞭의 고문자(구석규 설, 《설문》의 鞭 고문과 유사)로 봐서 鞭으로 새긴다.

통행본은 辯으로 옮겼으며, 지금의 글자와 자형이 유사한 卞으로 보는 견해도 있다.

⑤ 民(민) 어리석다, 백성

⑥ 利(리) 이롭다, 날카롭다

⑦ 百(백/맥) 일백, 온갖, 힘쓰다; 죽간의 𦣻은 上(윗 상)과 自(스스로 자)를 합친 글자이고, 지금의 百은 一(한 일)과 白(흰 백)을 합친 글자로서, 스스로 갖고 태어난 잠재력을 다 펼치는 것을 묘사하는 글자이다.

⑧ 伓(배) 힘이 세다; 伓는 亻과 不을 합쳤으니 伓가 맞다. 지금의 훈은 '힘이 세다'이지만 자형을 보면 '아직 아닌 이들(不)이 이어 나간다(亻)'는 뜻을 표현하고 있으므로 '힘을 쓰다'가 본 뜻인 글자로 보인다. 통행본은 倍(곱 배)로 옮겼는데 의미상 차이는 크지 않지만 죽간의 글자와는 글자의 형태가 다르다.

⑨		⑩	⑪	⑫	⑬
斷	役	棄 利	徙	惻	亡 又
단	대	기 리	척	측	망 우

　들어갈 자격을 판단하여 다시 내려 보내 이롭게 하고자 하는
것은 가엾게 망한 이들이 바르게 되어 다시 올라올 수 있게 하
기 위함이며

⑨ 投(대) 창, 몽치(짧고 단단한 나무 몽둥이), 양피를 거는 막대;
　　投 을 통행본은 자형이 유사한 巧로 바꿨는데, 죽간본 글자 投
　　의 좌변에 示(시)가 들어 있고 우변 殳(몽둥이 수)는 攵(칠 복)과
　　같은 뜻이므로 投(대)가 맞다고 본다. 허신은《설문》에서 성곽의
　　높은 곳에 양피를 걸어 두었는데 이는 부당한 이들이 들어오려
　　할 때 별안간 우마를 놀라게 하는 것을 投라 한다는 설을 소개하
　　고 있다.

⑩ 徙(척) 오르다; 徙 을 통행본은 盜로 바꿨는데, 이는 근거 없는
　　것이다. 한자에서 昆이 변에 쓰일 때에는 대부분 彳으로 변환

되고, 오른쪽은 步이니 이 글자는 徙임이 분명하다.

⑪ 惻(측) 가엾게 여기다, 진심을 다하는 모양; 죽간의 𢥞은 𢤝(德, 덕 덕)과 자형이 유사한 글자로서, 則과 心을 합쳤으니 惻이 맞다고 본다. 여기서는 '가엾다'라는 뜻으로 쓰인 듯하다. 17장의 𢥞도 모양은 약간 다르지만 惻자로 보이는데, 이 때는 '진심을 다하다'는 뜻으로 쓰인 것으로 보인다. 통행본은 𢥞을 賊(적)으로 옮겼는데, 유사한 음의 글자를 취한 것으로 보이나 그 근거를 찾기는 어렵다.

⑫ 亡(망) 망하다, 달아나다, 죽다; 亡을 통행본은 거의 다 無(없을 무)로 바꿔서 옮기는 바람에 《노자》가 이해하기 어렵게 된 하나의 원인이 되었다. 亡과 無는 유사한 뜻의 글자로 오해할 수도 있지만 그 뜻하는 바가 엄연히 다른 글자이니 亡을 無로 옮긴 것은 명백한 잘못이다.

⑬ 又(우) 또, 오른쪽, 용서하다; 又를 통행본은 모두 有(있을 유)로 옮겼는데 그 근거는 약하다.

	⑭		⑮	⑯	⑰	
斷	化	棄	慮	民	复	季	子
단	화	기	려	민	복	계	자

그 됨됨을 판단하여 다시 내려 보내 생각하게 하는 것은 어리석은 이들의 그 끝을 다시 자손으로 잇는 뜻이니

⑭ 化(화) 되다, 교화하다, 본받다, 달라지다, 죽다; 𢟭은 爲 아래에 心을 합쳐서 '위하는 마음'을 나타내고 있다. 일설에 化(될 화)의 옛 글자라고 한다. 여기서는 化로 새긴다. 慰(위로할 위)로 볼 여지도 있다고 본다.

⑮ 慮(려) 생각하다, 근심하다

⑯ 复(복) 돌아오다, 復과 같은 글자

⑰ 季(계) 끝, 말년

⑱	⑲	⑳	㉑	㉒	㉓	㉔
三	音	以	爲	專	不	足
삼	부	이	위	전	부	족

이 세 가지[2] 거절함으로써 오로지 아직 아닌 이들이 더 가게
하여 위하는 것을

⑱ 三(삼) 셋; 중국 후한 때의 허신은 《설문해자》(이하 《설문》)에서
　　天地人之道也라고 해서 삼(三)을 천지인의 도(道)라고 설명하고
　　있다. 그러므로 이장에서 말한 세 가지(三)를 '천지인의 도'라고
　　새겨볼 여지도 있다.
⑲ 音(부/투) 침뱉다, 거절하다; 音는 《설문》에 "말을 주고받다가
　　침을 뱉어 받아들이지 않다."는 뜻으로 설명하고 있다. 音 의
　　자형으로 봤을 때 音는 두 구역의 사이에 분명한 경계가 있음

---

2) 《설문》에 의거하여 三을 '천지인의 도'라고 새기면 위에서 말한 세 가지는 '천지
　　인의 도'가 된다.

을 나타내는 글자로 보인다. 자전에 透(투과할 투)와 같은 글자라고 나온다. 구획된 두 개의 구역을 통과한다는 뜻일 것이다.

9장에 나오는 비슷한 글자 ᗜ 는 흠에 丨(뚫을 곤)을 합쳐서 '떨어져 있는 사이를 이어 준다'는 뜻의 흠(말씀 언)이다.

통행본은 ᗞ 을 흠으로 옮겼으나 ᗞ 과 ᗜ 는 엄연히 다른 글자이므로 이는 잘못이다.

⑳ 以(이) ~써, 닮다, 원인, 까닭; ᗝ는《죽간 노자》에서 가장 많이 나오는 글자 중의 하나이다. 어떤 씨가 땅에 떨어지는 것을 묘사하는 글자이다. 씨는 열매를 닮은 것으로서 땅에 떨어지면 어떤 일의 원인, 즉 까닭이 된다.

㉑ 爲(위) 하다, 되다, 이루다, 병을 고치다; ᗣ는《죽간 노자》의 주제어나 다름없는 글자이다. 떨어진 씨가 애써 다시 올라가는 모습을 묘사하고 있다. 갑골문의 爲는 爪와 象을 합쳐서 코끼리를 위에서 끌어올리는 그림으로 묘사하고 있는데, 어떤 일을 위한다는 것이 그만큼 어렵고 노력해야 하는 것임을 나타내고자 한 것으로 보인다.

㉒ 專(전) 오로지, 전일하다(마음과 힘을 모아 오직 한 곳에만 쓰다); ᗤ 을 통행본은 事(일 사)로 옮겼으나 뒤에서 事로 옮긴 ᗥ과는 모양이 확연히 다르다. ᗤ 은 專과 같은 글자인 叀의 옛글자인 ᗦ, ᗧ 과 모양이 유사하므로 專으로 새겨둔다.

㉓ 不(불/부) 아니다, 크다, 이르지 아니하다, 불통(과거에서 불합격의 등급); ᗨ 도《죽간 노자》에서 가장 빈번하게 등장하는 글자

중의 하나이다. 夭는 天(하늘 천)과 夫(지아비 부)와 비교하면 올라가다 막힌 느낌을 묘사하고 있다. 올라가기 위해 노력하고 있지만 아직 일정한 수준에 도달하지 못했음을 나타내는 글자인 것이다. 그에 비해 夫(夫)는 노력하고 있는 상태를 묘사하는 글자이다. 또 天(天)은 一(한 일) 아래에 入(들 입) 두 개를 포개 놨는데 그들이 계속해서 들어가기 위해 노력하는 그곳이 바로 하늘임을 나타내고 있다.

그런 의미에서 본문에서 夭은 '아직 아닌 이들'로 새겼다.

㉔ 足(족) 발, 근본, 그치다, 가다

或	命	之	或	婚㉕	豆㉖
혹	명	지	혹	혼	두

혹은 명(命)을 이어가는 것이라고도 하고 혹은 콩깍지에 씌어 혼인하는 것(婚豆)이라고도 하는 것이니

㉕ 婚(혼) 혼인하다; ꙮ을 통행본은 乎(호)로 옮기고 있으나 죽간의 ꙮ은 女와 昏을 구성요소로 하고 있으므로 죽간의 이 글자는 婚이 분명해 보인다. 이 글자는 18장 (흠덕지후) 終日婚天(종일혼천: 마침내 햇살 같은 씨가 하늘과 혼인한다) 속에도 등장한다.

㉖ 豆(두) 콩, 제기, 그릇; 통행본은 이어간다는 뜻에서 續(속)이나 屬(촉/속)으로 옮겼으나 죽간의 글자와는 다른 글자이다. 豆는 단순히 콩만을 뜻하는 글자는 아니다. 옛 글자에서 보면 頭(머리 두), 食(밥 식), 良(좋을 량) 皀(고소할 급) 등에 들어가는 중요한 글자인데, 豆는 좋게 되어가기 위한 에너지원을 함축하는 글자로 보인다. 그래서 죽은 조상이 좋은 곳으로 가기를 바라는 후손의 염원을 담은 제사에 쓰이는 그릇이라는 의미도 갖게 되었을 것이다.

見	索	保	僕	少	丶	須	欲
견	색	보	복	소	주	수	욕

이렇게 종들을 기르고 살펴서 찾는 것은 아주 적은 불똥 같은 주인이니 이러한 일을 마땅히 모름지기 하고자 함이라.

㉗ 索(색) 찾다; 통행본은 자형이 유사한 素로 바꿨으나 이는 잘못된 것이다.

㉘ 僕(복) 종; 𤲃은 옛 글자 䒃(종 복)과 같은 글자이며, 통행본은 자형이 유사한 樸으로 바꿨으나 이는 근거 없는 것이다. 뒤에 나오ㅇ는 樸(박)과도 그 자형이 약간 차이가 있으니 그렇다.

㉙ 丶(주) 점, 불똥, 심지(등잔에 불을 붙이기 위한 실오라기 등); 는 옛 글자에서는 主(주인 주)와 같은 글자로서 근본적인 원인, 근원적인 씨앗 등을 뜻하는 중요한 글자이다. 통행본은 私(사사로울 사)로 옮겼는데 이는 잘못된 것이다.

㉚ 須(수) 모름지기; 𣬉는 초나라 글자로 須가 맞다. 엄선된 씨앗

이 더 높은 곳에서 열매 맺는 것을 묘사하고 있다. 현재의 須 자도 彡, 自, 八, 一 등을 구성요소로 하고 있는데, 열심히 힘쓰고 노력하면 자신도 모르는 사이에 일정한 수준에 도달하게 될 것이라는 뜻을 내포하고 있는 듯하다. 통행본은 자형이 유사한 寡(적을 과)로 바꿨는데 이는 잘못이다. 통행본은 같은 글자를 뒤에서는 須(수)로 새기고 있으니 또한 그렇다.

제2장 강해소이
강과 바다에 처하는 이유는 (통행본 66장)

江 波 所 ㅂ 屬 䶑 谷 王

江	海	所	以	爲	百	谷①	王②
강	해	소	이	위	백	곡	왕

강과 바다에 처하는 이유는 모든 계곡을 하늘로 돌아가게 하기 위함이니[3)]

---

3) 《설문해자》에 근거하여 왕을 '하늘로 돌아가게 하는 것'으로 새겼다. 강과 바다에 처하여 하늘로 돌아가도록 하는 존재는 태양이다. 강과 바다의 많은 물은 백성을 상징하고 그 물을 뜨겁게 하여 하늘로 올라가게 하는 태양은 왕을 상징한다. 일반적으로 이 구절에서 강과 바다를 왕으로 새기는 것은 옳은 해석이 아니라고 본다.

① 谷(곡) 골짜기, 성장시키다; 谷 아래 水를 써 넣은 것은 성장하
다는 뜻의 谷과 구분하기 위해 골짜기의 뜻임을 나타내기 위함
으로 보인다.

② 王(왕) 왕, 으뜸, 통치하다, 바로 고치다; 허신은 《설문》에서 王,
天下所歸往也(왕, 천하소귀왕야)라고 하여 왕은 '천하를 하늘로
돌아가도록 하는 존재'라고 하였다.

		③	④			
以	其	能	爲	百	谷	下
이	기	능	위	백	곡	하

그리함으로써 모든 계곡이 아래로 흐를 수 있게 하기 위함이라

③ 其(기) 그, 만일, 마땅히, 기약하다, 장차; ㅠ 또는 ㅠ 는《죽간
  노자》에서 ∂ (也, 잇기 야)와 함께 제일 많이 나오는 글자이다.
  ㅠ 는 亓(其의 옛 글자)이고, ㅠ 는 丌(책상 기)의 옛 글자로서 같
  은 글자인데, 지금의 元(으뜸 원)과 자형이 유사하다. 위에 있으
  면 으뜸(元)이요 아래에 있으면 바탕(亓)이 된다는 뜻 같다.
  《설문》에 亓(其)는 下基也, 荐物之丌(하기야, 천물지기)라고 풀이
  하고 있다. 丌는 아래의 기초로서 거듭 떨어지는 만물을 떠받쳐
  서 위로 올라가도록 밑받침한다는 뜻이다.
④ 能(능) 능하다, 잘하다, 에너지, 곰; 능은 以, 月, 比를 구성요소
  로 하는 글자로서 좋은 씨를 골라서 그 잠재력을 잘 펼치도록
  돕는다는 것을 묘사하는 글자로 볼 수 있다.

⑤
是 以 能 爲 百 谷 王
시　이　능　위　백　곡　왕

이를 옳게 함으로써 능히 위하여 모든 계곡을 하늘로 돌아가
게 함이라

⑤ 是(시) 이, 여기, 옳다, 바로잡다

聖	人	之	才	民	前
⑥			⑦		⑧
성	인	지	재	민	전

也	以	身	後	之
⑨				
야	이	신	후	지

성인이 가서 바탕을 어리석은 백성들과 전에 이은 일로 인하
여 그 몸이 뒤로 이어져감이며

⑥ 聖(성) 성스럽다, 성인

⑦ 才(재) 바탕, 근본, 재주; 죽간의 才는 二, 丨, 丿 을 합친 형태이다. 하늘과 땅 사이의 비탈길을 올라가게 해 주는 것이 타고난 재능을 펼치는 것이라는 뜻 같다.

⑧ 前(전) 앞

⑨ 也(야) 잇기, 어조사, 또한; 也 는 《죽간 노자》에서 가장 많이 나오는 글자이다. 죽간의 也 는 匕(비수 비)와 乙(새 을)을 구성요소로 하고 있다. 한자에서 匕는 사람인데 주로 죽은 사람을 나타내고 乙은 경계가 있는 사이를 잇는다는 뜻으로, 새를 땅과 하늘을 잇는 존재로 봐서 새라는 뜻을 갖게 된 글자로 보이므로, 也의 원래 뜻은 저승과 이승을 오간다는 뜻을 내포하고 있는 글자로 볼 수도 있다.

통행본은 也를 그저 발어사나 어조사로 봐서 별다른 의미를 부여하지 않았다. 심지어는 여러 곳에서 생략하기도 하였다.

其 才 民 上 也 以 音 下 之⑩

기 재 민 상 야 이 부 하 지

그 바탕에서 어리석은 이들이 위로 이어지게 하고 아래로 가는 것을 거절하게 하는 것이라

⑩ 之(지) 가다, 쓰다, 영향을 끼치다, 이르다, ~의, 그리고, 만약, ~하는 것(지시대명사); 《죽간 노자》에서 제일 많이 등장하는 글자이다. 옛 글자 㞢는 발을 상형한 것으로 보고 있다. 지금의 글자 之는 丶와 乙을 합친 글자로 볼 수 있다. 불씨를 이어간다는 뜻으로 새겨볼 수 있겠다.

其 才 民 上 也 民 奴⑪ 厚 也
기 재 민 상 야 민 노 후 야

그 바탕에서 어리석은 이들을 위로 이어지게 함은 그 종들을
도탑게 여김이고

⑪ 奴(노) 종; 통행본은 奴(奴)를 모두 弗(아닐 불)로 바꿨는데, 이는
근거가 전혀 없는 것이다. 奴나 奴는 모두 女(계집 녀)에 又(또
우)를 합쳤는데 여인의 몸에서 거듭 태어나는 존재들을 뜻하는
글자이다.

元末 & 角 巳 & 侌 叠 巳

其 才 民 前 也 民 奴 盃⑫ 也
기 재 민 전 야 민 노 배 야

그 바탕에서 어리석은 이들이 앞으로 이어지게 함은 그 종들
을 밑받침하기 위함이며

⑫ 盃(배) 잔, 대접; 통행본은 叠 를 害로 옮겼다. 16장에서는 叠
도 害로 옮기고 있으니 이것은 잘못된 것이다.

자형을 고려하여 盃로 새겼으나 명확치는 않다. 盃는 不(아닐 불)
아래에 皿(그릇 명)을 합쳤는데 아직 아닌 것들 아래서 그릇이 받
치고 있는 형상이다. 皿의 갑골문, 금문은 그릇 모양이면서 두
사람이 흘레하고 있는 모습으로도 보이는 글자이다. 둘이 꽁무
니를 잇대고 있는 그림인데, 영어의 rear(양육하다, 후미, 뒤편)가
연상되는 글자이다. '어버이가 그릇된 이들을 받아 바르게 기르
고 뒤를 잇는다'는 뜻 같다. 皿 위에 丿을 합치면 血(피 혈)이 되
는데, 이렇게 피를 이어가는 것이 혈통이라는 뜻일 것이다.

⑬ 天 ⑭ 下 樂 進 而 ⑮ 奴 站
천　　하　　락　　진　　이　　노　　참

하늘 아래로 즐거이 나아가 이어 종들과 함께 머무름은

⑬ 天(천) 하늘; 죽간의 天(天)은 一(한 일) 아래에 入(들 입) 두 개를
포갠 글자이다. 그 아래 만물이 계속 올라가서 들어가야 할 곳
이 하늘이라는 뜻 같다. 죽간에서 天은 자주 而(而, 말이을 이)
와 혼동되곤 하는데, 而도 '하늘로 가기 위해 잇는다'고 새기면
天과 而는 의미상 큰 차이가 없어지게 된다.

⑭ 樂(락) 즐겁다; 樂은 12장의 樂과는 유사하지만 자형이 약간
다르다. 樂(즐거울 락)은 白(흰 백)이 들어 있어서 씨앗이 펼쳐지
고 있음을 나타내고 있고, 樂(풍류 악)은 才(재주 재)가 들어있어
서 아직 잠재력만 가지고 있는 상태를 나타내고 있는 것으로
보인다.

⑮ 站(참) 머무르다; 站 통행본은 厭으로 바꿨는데, 이는 근거 없는
것이다.

ᕫ 元 不 朗 乚

以 其 不 靜⑯ 也
이 　 기 　 불 　 정 　 야

그리함으로써 그 아직 아닌 이들을 깨끗하게 하기 위함이니

⑯ 靜(정) 깨끗하다, 고요하다; 통행본에서는 爭으로 바꿨는데, 이
　 는 근거 없는 것이다.

古 天 下 莫 能 水 之 龍

⑰
古 天 下 莫 能 與 之 靜
고　천　하　막　능　여　지　정

**오래도록 하늘 아래 어둠 속으로 능히 더불어 가서 깨끗하게
되리라.**

⑰ 莫(막) 없다, 저물다, 고요하다; 𦱤은 수풀 속에 해가 감춰진 모
　양을 묘사하고 있는 것으로 보는 것이 일반적인 견해이다. 《설
　문》은 莫을 日且冥也(일차명야)라고 설명하고 있는데 날이 또 어
　두워졌다는 뜻이다. 冥(명)은 '어둡다, 어리석다, 아득하다, 저
　승, 저승 귀신 등'의 뜻이니 莫은 '어둠의 장막 너머 아득한 곳
　으로 갔다'는 뜻이 된다. 날이 저물었다 해도 다음 날 아침이 되
　면 해가 다시 떠오르듯이 때가 되면 만물을 감추는 그 어둠의
　장막은 만물을 드러내는 밝음의 장막으로 바뀔 것이다. 그것은
　마치 무대 위의 배우가 드나드는 장막과 같고, 저 우주의 블랙
　홀과 화이트홀 같은 것이다.

제3장 죄막욕순
죄는 어둠 속에서 욕되게 남녀가 어울리기 (통행본 46장)

皋	莫	辱	姁	甚	欲
죄	막	욕	순	심	욕

① ② ③

죄(皋)[4]는 해 저문 어둠 속에서 욕되게 남녀가 어울리기를 심하게 욕망한 탓이요

---

4) 죄(皋)는 自(스스로 자)와 辛(매울 신)을 합쳤다. 自는 하늘에서 삐친(ノ) 둘(二)이 땅(口)에서 만나 잇는 것에서 비롯되어 세상에 나온 존재이다. 《설문》에 辛은 '가을에 만물을 익은 것과 더 익힐 것으로 가르는 아픔'이라고 설명하고 있다. 辛이 곧 皋라고도 했다.

① 辠(죄) 죄, 허물; 《설문》에 따르면 이 글자는 진나라 시기에 皇
(황제 황)과 자형이 유사하다고 하여 罪로 바뀌었다고 한다. 원
래 글자에 따르면 自에 王을 합치면 황제가 되고, 辛을 합치면
辠가 되는 것이다. 나는 어떻게 하느냐에 따라 황제도 될 수 있
고 죄인도 될 수 있는 존재라는 뜻 같다.

② 莫(막) 없다, 저물다

③ 姁(순) 남녀 어울리다; 姁은 女와 旬을 구성요소로 하고 있으
니 姁이 맞다고 본다. 통행본에서는 乎로 바꿨으나 글자 모양
이 다르다.

④

咎 莫 憸 姁

구 　막 　험 　순

**허물(咎)[5]은 해 저문 어둠 속에서 간사하게 아첨하며 남녀가
어울린 탓이라**

④ 憸(험) 간사하다, 아첨하다, 교활하다; 통행본은 憸 을 僭(주제넘을
참)으로 바꿨는데, 당시의 음이 비슷해서 그리한 것으로 보인다.

---

5) 허물(咎)은 사람(人)이 죽어서(攵) 땅(口)에 남기는 것이다.

谷 㝵 化
곡 득 화

"골짜기로 가서 얻어도 돼!

⑤ 㝵(득/애) 얻다, 막다; 지금은 得(얻을 득), 碍(가로막을 애)로 분화
되었다.

⑥

莫 大 姁 不 知 足

막 대 후 부 지 족

더 없이 크신 할머니(莫大姁) **모르시게 하면 돼**

⑥ 姁(후) 늙은 여자, 아름답다, 할머니; 통행본은 ③과 같이 乎로 옮겼는데 ③과 ⑥의 죽간 속 글자와는 丶이 있고 없음의 미묘한 차이가 있으므로 다른 글자로 보인다.

知　足　之　僞⁷　足
지　족　지　위　족

아시게 되면 거짓말하면 돼!"

⑦ 僞(위) 거짓; 통행본은 爲로 옮겼다. 爲와는 자형이 약간 다르다.

⑧

此 亙 足 矣

차　긍　족　의

**이렇게 한 짓들이 하늘 아래서 계속 맴돌며 어렵게 뻗쳐나가
게 된 이유라**

⑧ 亙 또는 亘(긍) 건너다, 뻗치다, 다하다, 극진하다; 𦴋을 통행본
은 恒(항상 항)으로 옮겼다. 𦴋은 二(두 이)와 外(바깥 외)를 합쳤
고, 亙의 옛 글자는 가운데서 맴도는 모양이니, '가운데서 맴돌
다 보면 언젠가는 바깥으로 나가게 될 것'이라는 뜻을 묘사하는
듯하다.

제4장 이간차인

이렇게 즐김으로써 어긋난 이 (통행본 30장)

①	②		③	④
以	術	差	人	宗 者
이	간	차	인	종 자

이렇게 즐김으로써 어긋난 이가 사람들의 조상이 되었으니

① 衎(간) 즐기다, 곧다; 죽간의 '𣲷과 𣲷' 둘 다 통행본은 道로 옮
겼다. 죽간의 𣲷에는 行(행할 행)의 가운데에 사람이 끼여 있다.
현행의 글자 衎에는 干(방패 간)이 들어있는데 '간'이라는 소리
를 나타내기 위한 것이라고도 볼 수 있겠지만 하늘에서 까였다

는 뜻을 내포하고 있다고 볼 수 있다. 하늘에서 까인 존재들이 하늘과 땅 사이에서 즐거운 마음으로 수행해 가는 것을 나타내는 글자로 볼 수 있겠다. 산스크리트어 'Karma(까르마; 행위, 특별한 의무)'와 통하는 글자이다.

② 差(차) 다르다, 어긋나다; 죽간본의 ⚬은 嗇과도 유사하나 여기서는 差로 새긴다. 의미상 큰 차이는 없다. 통행본에서는 佐(좌)로 옮겼다.

③ 宗(종) 마루, 조상; 통행본은 主(주인 주)로 옮겼으나 이는 근거 없는 것이다.

④ 者(자) 놈, 사람; 통행본에서도 者로 옮겼는데 ⑦의 '者'와는 약간 다른 모양이다.

명확치 않으므로 통행본과 같이 者로 새긴다. 자형상 咸(다 함)으로 볼 여지도 있다.

不 谷 以 兵 侶 於 天 下
불　곡　이　병　려　어　천　하

아직 안 되는 골짜기에 감으로써 언덕 밑으로 쫓겨나게 된 짝이 하늘에서 내려온 것이며

⑤ 兵(병) 병사, 재앙, 상하다, 죽이다; 丘(언덕 구)와 八(여덟 팔)을 합친 글자이고, 죽간본의 𠇷 은 두 사람이 언덕 아래로 떨어지는 것을 묘사하고 있다.

⑥ 侶(려) 짝; 통행본은 强으로 옮겼으나 자형상 侶가 맞다고 본다.

⑦
善 者 果 而 已 不 以 取 侶
선 자 과 이 이 불 이 취 려

  좋은 열매를 이어 낫기 위해 아직 아닌 이들이 얻는 것이 짝
이라

⑦ 者(자) 놈

果 6 仅 糞 果 6

⑧
果 而 奴 發 果 而
과　이　노　발　과　이

仅 阎 果 6 仅 胎

⑨
奴 喬 果 而 奴 矜
노　교　과　이　노　긍

열매를 이어서 종이 발전하고, 열매를 이어서 종이 높아지
고, 열매를 이어서 종이 긍휼함을 얻게 되리니

⑧ 奴(노) 종; 통행본은 奴를 모두 弗로 바꿨는데 이는 근거가 없는
　　것이다. 《죽간 노자》에 빈번하게 나오는 奴를 弗로 바꿔놓음으
　　로써 《노자》는 해석하기 어려운 말씀이 되어버렸다.
⑨ 喬(교) 높다, 뛰어나다

⑩

是 眔 果 而 不 侶
시 답 과 이 불 려

옳은 이를 뒤따라 열매 맺기 위하여 아직 아닌 이들이 짝을
취하니

⑩ 眔(답) (눈으로)뒤따르다; 통행본은 謂로 옮겼으나 그 자형으로
　볼 때 眔로 옮기는 것이 옳다고 본다.

兀 貞 朋

⑪
其 事 好
기 사 호

그 일이 좋았더라

⑪ 事(사) 일; ☙을 통행본은 모두 事(일 사)로 옮겼다.

1장에서 專으로 옮긴 ☙ 과는 모양이 약간 다르다. 통행본과 같

이 ☙를 일단 事로 새긴다.

글자의 형태상 眞(참 진)으로 새길 여지도 있다고 본다. 事가 참

을 채워가는 과정이라면, 眞은 참이 채워진 상태를 나타내는 글

자로 볼 수 있으니 큰 차이는 없다고 본다.

제5장 장고지선

오랫동안 묵은 곳에서 잘 (통행본 15장)

長 古 之 善 爲 士 者
장 고 지 선 위 사 자

①

오랫동안 묵은 곳에서 잘 위로 향한 이

① 善(선) 착하다, 좋다, 잘

术 兆 𤇾 ⑧ 造 𤣱 不 可 𡔈

② ③ ④ ⑤
术 兆 妙 玄 造 深 不 可 志
출 조 묘 현 조 심 불 가 지

　찰진 알곡 차조와 같이 미세한 조짐이 되어 묘하고 가물한 곳에서 새로 지어가게 됨은 심연의 아직 아닌 이들이 얻고자 하는 뜻이며

　② 术(출) 차조; 术을 통행본은 必로 새기고 있으나 자형상 术이 맞다고 본다.

　③ 兆(조) 조짐, 처음, 조, 피하다

　④ 造(조) 짓다; 자형상 達(도달할 달)로 볼 여지도 있다.

　⑤ 志(지) 뜻; 𡔈을 통행본은 識으로 옮겼지만, 이는 근거 없는 것이다.

是 以 爲 之 頌 ⑥
시　이　위　지　송

옳게 씨 이어 위로 간 이들을 칭송함이라네

⑥ 頌(송) 칭송하다; 𩠐을 통행본은 容으로 옮겼으나 이는 근거 없
　는 것이다.

⑦　　　　　　⑧
夜 姁 奴 冬 涉 川
야 후 노 동 섭 천

야후(夜姁)[6]는 종들이 겨울을 건너게 하는 내와 같고

⑦ 夜(야) 밤; 을 통행본은 豫로 옮겼으나 이는 근거가 없는 것이다.

⑧ 冬(동) 겨울; 통행본과 같이 冬으로 옮겼으나, 冬의 옛 글자인 " "은 春의 옛 글자인 " "와 대비되는 글자로서 씨알이 아래에 있는 것은 春이고, 씨알이 위에 있는 것이 冬이니 을 거꾸로 하면 형태가 유사해지는" "는 春으로 볼 여지도 있다.

---

6) 《노자 백서본》은 '야후'를 與呵(여가)로 옮겼다. 또 이 구절을 인용하여 자신의 호를 與猶堂(여유당)으로 지은 다산 정약용은 '야후'를 與兮(여혜)로 적고 있다. 이렇게 다양한 한자로 옮겨진 것을 보면 '야후'는 어떤 소리를 적기 위한 것이라는 주장이 있는데 일리가 있는 주장으로 보인다. 성경 속의 〈야훼〉나 복희 여와의 〈여와〉와도 음이 많이 닮아있다.

猶　姁　其　奴　恕　四　斐
유　후　기　노　수　사　비

유후(猶姁)는 그 종들을 움직여 사방으로 문채 나게 하며

⑨ 恕(수) 움직이다; 👁을 통행본은 畏로 새겼으나, 자형상 恕로
  새긴다.

⑩ 斐(비) 문채(아름다운 광채)나다; 🌿은 자형상 呪(저주할 주)로 볼
  여지도 있다. 죽간의 🌿는 吝(아낄 린)에서 口가 위로 가면서 두
  개가 되었으므로, 인색하게 아끼는 것과 반대로 소중한 것을
  펼쳐나간다는 뜻으로 봐서 斐로 새긴다. 통행본은 隣으로 새겼
  으나 자형이 완전히 다르다.

㪍 㪍 兀 㥀 㑒 㢾 㪍 兀 㥀 㒶

⑪ 敢 姁 其 奴 客 還 姁 其 奴 懌

감 후 기 노 객 환 후 기 노 역

감후(敢姁)는 그 종들이 나그네 되게 하고 환후(還姁)는 그 종
들을 기쁘게 하며

⑪ 敢(감) 결단성이 있다; 통행본은 유사한 뜻의 嚴으로 새겼다.

⑫ 還(환) 돌려보내다; 통행본은 음이 같은 渙으로 옮겼다.

⑬ 奴(노) 종; 백서본 등 다른 판본은 如나 若으로 옮기고 있다. 奴
와 若은 상하대칭의 상반된 뜻의 글자로서, 奴가 아래로 떨어
지는 것이라면 若은 위로 올라가는 것이다.

⑭ 懌(역) 기뻐하다; 통행본은 㬅을 釋(풀 석)으로 옮기고 있다. 釋
은 참으로 많은 것을 담고 있는 글자이다. 그 안에는 그물(罒)도
있고, 불알(睪)도 있고, 씨를 변별하는 모습(釆)도 있고, 행복(幸)
도 있고, 신랄함(辛)도 있다. 씨를 잘 변별하고 어렵게 이어가다
보면 그물 아래서 석방되어 행복한 날이 오리라고 말하는 듯한
글자이다. 단군의 할아버지 제석환인, 도리천의 왕 제석천, 해
탈한 존재 석가모니 등 인간계가 아닌 존재들의 이름에 많이 등
장하는 글자이기도 하다. 그러나 죽간본의 㬅는 懌이 맞다.

⑮
屯 姁 其 奴 樸 戊 姁 其 奴 濁
둔 후 기 노 박 무 후 기 노 탁

둔후(屯姁)는 그 종들을 순박하게 하고 무후(戊姁)는 그 종들을
탁하게 하니

⑮ 屯(둔) 진 치다
⑯ 樸(박) 순박하다

竺 龠 源 ら 倉 着 暗 舍 嵓

^⑰ 竺 能 濁 以 ^⑱ 庸 者 ^⑲暗 ^⑳舍 清
독 능 탁 이 용 자 암 사 청

도타움이란 탁한 이를 그 노고를 통해서 어둠을 버리고 맑아
지게 할 수 있는 것이요

⑰ 竺(독/축) 도탑다, 미워하다

⑱ 庸(용) 노고, 공적, 고용하다

⑲ 暗(암) 어둡다; 명확지는 않으나 자형을 고려하여 暗으로 새긴
다. 통행본은 將으로 옮겼다. 죽간본의 陰과 좌변만 다르니 陰
보다 더 어두운 것을 暗이라 한 것으로 보인다. 통행본은 두 글
자를 모두 將으로 옮겼다. 지금 어둡고 장차 밝아진다는 뜻으
로 새긴다면 의미상 큰 차이는 없다.

⑳ 舍(사) 집, 머무는 곳, 버리다

竺 能 庀 以 辽 者 暗 舍 生
독 능 비 이 료 자 암 사 생

도타움이란 덮어서 보호함으로써 늦춰진 이가 어둠을 버리
고 새로 나게 할 수 있는 것이니

㉑ 庀(비) 덮어서 보호하다, 다스리다
㉒ 辽(료) 멀다, 늦추다, 느슨하게 하다

保 此 邜 쏠 卞 谷 숣 보

㉓		㉔	㉕
保 此 衎 者 不 谷 堂 呈			
보 차 간 자 불 곡 당 정			

보호받고 있는 여기서 지금 즐거이 잘 행하는 것은 아직 아
닌 이들이 곧고 당당하게 되기 위해 자신을 바치는 일이라

㉓ 衎(간) 즐기다; 통행본은 道로 옮겼으나, 이는 근거 없는 것이다.

㉔ 堂(당) 당당하다, 집; 숣을 통행본은 尙으로 옮겼으나 이는 근
   거 없는 것이다.

㉕ 呈(정) 드리다; 통행본은 盈으로 옮겼으나, 이는 근거 없는 것이다.

제6장 위지자패지
위로 이어 가는 것은 깨치며 가는 것 (통행본 64장 뒷부분)

爲之者敗之執之者遠之

위　지　자　패　지　집　지　자　원　지①

　위로 이어 가는 것은 깨치며 가는 것이고 위에서 가지고 간 것은 먼 곳으로 가기 위한 것이라

① 遠(원) 멀다; 은 達(도달할 달)로 볼 여지도 있다. 의미는 크게 다르지 않다.

是 以 聖 人 亡 爲 古 亡 敗

是 以 聖 人 亡 爲 古 亡 敗
시 이 성 인 망 위 고 망 패

옳게 씨 이어가 성스럽게 된 사람은 죽음을 이어감으로써 묵
은 죽음을 깨트리고

止 殺 古 止 殺

亡 執 古 亡 逜②

망　　집　　고　　망　　오

죽음이 가져감으로써 묵은 죽음을 깨닫는 것이니

② 逜(오) 깨닫다; 명확치 않으나 자형을 고려하여 殺을 逜로 옮
긴다. 통행본은 失로 옮겼으나 자형이 완전히 다르다.

③　④　⑤
臨　事　之　紀　訢　終　女　始
임　사　지　기　흔　종　녀　시

**임하는 일로 가서 그 벼리를 기쁘게 완성하고자 세상의 여인
에게서 비롯하니**

③ 事(사) 일

④ 訢(흔) 기뻐하다

⑤ 始(시) 비롯하다; 이장의 台는 9장에 나오는 台(怡, 기뻐할 이)와
한 획 차이가 나며, 둘이 더불어서 하나의 씨를 만드는 것을 묘
사하고 있다. 그렇게 생명이 비롯되고(始) 이를 기뻐함(怡)을 말
하는 글자들이다. 그런 의미에서 台(별/나/기르다 태), 胎(아이밸
태)와 연관이 있는 글자이다.

此 亡 歇 事 矣
차 망 헐 사 의

이는 아래에서 죽어가는 이들의 죽음을 헐고자 하는 일이라

⑥ 歇(헐) 그치다; 斀을 통행본은 敗로 새기고 있으나, 敗로 옮긴
敗과 미묘하지만 약간의 차이가 있으므로 敗는 아니다. 자형을
고려해 歇로 옮기지만 의미상 큰 차이는 없다.

聖　人　谷　不　谷　不
성　인　곡　불　곡　불

貴　難　得　之　貨
귀　난　득　지　화

　성인은 곧음으로 아직 아닌 이들을 곧게 하고 아직 아닌 이들을 귀하게 하고, 어려운 것을 얻게 하고, 가서 소중한 것들을 사들이는 이이니

教	不	教	復	衆	之	所	所	過
교	불	교	복	중	지	소	소	과

가르침으로 아직 아닌 이들을 가르쳐 돌려보내고 무리가 가
는 곳에 처하여 그들이 그 곳을 넘어가게 하는 이라

是	古	聖	人	能	專⑦
시	고	성	인	능	부

萬	勿	之	自	然
만	물	지	자	연

옳음을 오래 이은 성인이 펼칠 수 있게 된 것도 많은 아님 속
을 가서 스스로 그리된 것이니

⑦ 尃(포/부) 펴다, 깔다, 퍼지다

不　隶　氒　臼

而　奴　能　爲
이　　노　　능　　위

이어서 종들도 능히 그러할 수 있음이라

제7장 간긍망위

즐겁게 행하고 베풀어 죽어서 위로 (통행본 37장)

術 亘 亡 爲 也

간 긍 망 위 야

즐겁게 행하고 베풀어 죽어서 위로 이어진 이

侯	王	能	守①	之	而
후	왕	능	수	지	이

萬	勿	陰②	自	化
만	물	음	자	화

임금들의 임금님을 능히 기다리며 이어가서 많은 아닌 이들
어둠 속에서 스스로 되어가는 것이라

① 守(수) 지키다, 기다리다
② 陰(음) 어둠, 그늘; 통행본은 모두 將으로 옮겼으나, 𤪽 은 10장
의 𤪽과는 좌변이 다르다. 그 자형으로 봐서 陰으로 새겨 둔
다. 𤪽은 暗(어두울 암)으로, 자형이 유사하지만 약간 다른 𤪽
은 將(장차 장)으로 새긴다. 명확한 것은 아니다.

而　欲　作　陰　貞③　之

이　욕　작　음　정　지

以　亡　名　之　業

이　망　명　지　업

이어가고 욕심하고 지어감은 어둠 속에서 곧음으로 나가면
서 죽어가는 것, 이는 세상에서 펼쳐가야 할 업(業)이라

③ 貞(정) 곧다; 통행본은 鎭으로 옮겼으나, 이는 근거 없는 것이다.

夫 亦 陰 智 智 足 以 庸
부 역 음 지 지 족 이 용

공부하는 이들 부지런히 어둠 속에서 지혜를 얻고 그 지혜
족해지면 이를 널리 써서

萬 物 陰 自 定
만 물 음 자 정

많은 아닌 이들 어둠 속에서 스스로 바로잡게 되리라

제8장 위망위
위함도 끝이 있는 위함이고 (통행본 63장)

爲 亡 爲 事 亡 事 未 亡 未
위 망 위 사 망 사 미 망 미

위함도 끝이 있는 위함이고, 일도 끝이 있는 일이며, 아님도 끝이 있는 아님이라

大 少 之 多 惄 朮 多 難
대 소 지 다 척 출 다 난

큰 것은 희소하게 얻어지는 것이니 펼치고 또 펼쳐서 많은
근심과 어려움 속에 얻은 것이 차조(朮)이듯이

① 惄(척/홀) 근심하다, 삼가다, 두려워하다, 빠르다, 밝다; 惄은
   易(쉬울 이/바꿀 역)아래에 心(마음 심)을 합친 글자이다.

   易는 그 음이나 자형을 곰곰이 헤아려 보면 '(씨를)이어간다'는
   뜻의 글자이다. 부모에서 자식으로 세대를 이어간다는 뜻인데,
   자식이 부모를 단순히 답습하는 것이 아니라 부모의 좋은 점은
   계승하고 안 좋은 점은 개선하면서 이어나간다는 뜻이다. 이어
   가기는 쉽고 바꾸기는 어려우니 '쉽다, 바꾸다'의 뜻을 함께 가
   지게 된 것이다. 흥미롭게도 산스크리트어에도 같은 뜻을 내포
   한 단어가 있는데 'ava-taara(아바-따아라): 후손, 혈통, 화신'이
   라는 단어이다(옥스퍼드사전, 99쪽). 우리가 흔히 알고 있는 '아바

타'의 원말이기도 하다.

산스크리트어로 'ava'는 어버이, 양친(both)라는 뜻이 있고 'taara'는 따른다는 뜻이니 'ava-taara'는 '어버이를 따른다'는 뜻이 되고 〈易, 쉬울 이〉와 같은 뜻을 내포하고 있는 것이다. 또 'ava-antara(아바-안따라): 존경하지만 다르게(respectively different)'의 뜻이다(옥스퍼드사전,107쪽). 'antara'는 '따르지 않다'는 뜻이니 'ava-antara'는 '어버이를 따르지 않는다'는 뜻이고 〈易, 바꿀 역〉과 같은 뜻을 내포하고 있는 것이 된다.

또 영어에서 양친을 나타내는 both에 er을 붙이면 bother가 되는데 '신경 쓰다, 애를 쓰다, 괴롭히다, 성가신 일'의 뜻의 단어이다. 그러므로 영어 bother는 慐(척)과 뜻이 통하는 단어라고 볼 수 있다. 부모가 자식을 키우면서 근심하고 신경 쓰는 모습을 나타내는 말들이라고 유추해 볼 수 있는 것이다.

是	以	聖	人	猶	難
시	이	성	인	유	난

之	古	終	亡	難
지	고	종	망	난

옳게 씨를 이어 성스러운 사람이 되는 것도 가히⒳ 이와 같이
어려움 속에 가는 것이지만 이 또한 오래되면 마침내 끝날 어려
움이라

제9장 천하개지

하늘 아래서 모두가 슬기롭게 (통행본 2장)

天 下 皆 智 敜 之
천 하 개 지 ① 미 ② 지

爲 嫩 也 亞 已
위 ③ 미 야 ④ 아 이

하늘 아래서 모두가 슬기롭게 다듬어지기 위하여 좋게 이어
가다 보면 다음 차례의 이들도 반드시 된다는 것이니

① 智(지) 슬기, 지혜, 꾀, 모략

② 散(미) 적다; 散를 통행본에서는 美로 옮긴 것은 잘못된 것이다. 微와 같은 글자이다.

③ 媺(미) 착하고 아름답다, 좋다; 媺와 散는 엄연히 다른 글자인데 통행본에서 똑같이 美로 옮긴 것은 잘못이라고 본다.

④ 亞(아) 버금, 억누르다; 亞에는 心(마음 심)이 없는데 통행본에서 惡으로 옮긴 것은 잘못된 것이다.

皆 智 善 此 其 不 善 已

皆 智 善 此⑤ 其 不 善 已
개 지 선 차 기 불 선 이

모두가 여기서 슬기롭게 잘 된다는 것은 아직 아닌 이들도
머지않아 된다는 것이네

⑤ 此(차) 이, 이것;

Ұ ᅡᅳ ᅭ 相 生 ᄂ

又 亡 之 相 生 也
우　 망　 지　 상　 생　 야

難 悤 ᅭ 相 威 ᄂ

⑥
難 悤 之 相 成 也
난　 척　 지　 상　 성　 야

거듭하여 죽어 감은 이어 낳기 위함이요 부끄러운 것을 삼가
는 것은 이루기 위함이요

⑥ 成(성) 이루다

⑦
長 㟪 之 相 型 也
장 단 지 상 형 야

⑧
高 下 之 相 涅 也
고 하 지 상 영 야

긴 것을 매듭짓는 것은 모양을 만들기 위함이요 높은 곳에서
낮은 데로 가는 것은 채우기 위함이요

⑦ 㟪(단) 끝, 시작; 㡿을 통행본은 유사한 음의 短으로 옮겼다.
⑧ 涅(영) 차다; 㳛을 통행본은 유사한 뜻의 盈으로 옮겼다.

⑨ ⑩ ⑪

言　聖　之　祖　和　也
언　성　지　사　화　야

先　後　之　相　陞　也

⑫

선　후　지　상　중　야

말씀에 거룩함이 있는 것은 방죽에서 열매를 맺기 위함이요[7]
선후가 있는 것은 신중하게 올라가기 위함이라

---

7) 《죽간 노자》 18장에서 和함이란 열매 맺는 것이라고 말하고 있다.

⑨ 言(언) 말씀; 䇂 는 言이다. 音과 자형이 유사하다. 통행본은 音
  으로 옮겼다.

⑩ 聖(성) 거룩하다, 성인; 䏌를 통행본은 聲(소리 성)으로 옮긴 것은
  그 음이 유사하기 때문일 것으로 생각되나 잘못 옮긴 것이다.

⑪ 柤(사) 난간, 방죽, 둑, 보, 아가위나무(산사나무), 풀명자나무;
  柤는 柙과는 다른 글자인데 통행본은 둘 다 柤으로 옮겼다.
  柤의 우변의 目과 一을 합친 글자는 且(또 차)의 옛 글자이므로,
  柤은 柤가 맞다고 본다. 柤는 참으로 의미심장한 글자로 보인
  다. 査(사)도 '조사하다, 풀명자나무, 뗏목 등'의 뜻이 있고 자형
  도 유사하고 음도 같으니 査와 柤는 분명 뜻이 통하는 글자이
  다. 또 산사나무의 열매 아가위는 영어로 haw 또는 thorn
  apple이니 선악과와 연관이 있어 보이고, 또 柤가 난간이라는
  뜻이 있으니 韓(우물난간 한)과도 연관이 있는 글자로 보인다. 추
  가적인 연구가 필요한 글자이다.

⑫ 陣(중) 미상; 그 뜻이 알려져 있지 않으나 자형으로 보면 신중하
  게 올라간다는 뜻의 글자로 볼 수 있다. 자전에도 陳(진설할 진)
  과 같은 뜻의 글자라고 나온다. 진설한다는 것은 순서에 맞게
  잘 늘어놓는다는 뜻이다.

是以聖人估亡爲之事行

是 以 聖 人 估 亡 爲 之 事 行
시 이 성 인 고 망 위 지 사 행

**옳게 씨를 잇기 위하여 성인이 판단하기를 죽어서 위하는 일
을 통과시키거나**

⑬ 估(고) 값, 평가하다, 짐작하다; 估을 통행본은 居라고 옮겼으
나, 이는 근거 없는 것이다.

不 音 之 教

不 音 之 教
불　부　지　교

아니면 거절하여 더 가르치기 위함이라

萬 勿 便 而 弗 怡 也
만 물 편 이 불 이 야

⑭ ⑮

많은 아닌 이들이 다시 지어가야 하는 것은 기뻐할 일이 아니니

⑭ 便(편) 편하다, 쉬다, 익히다, (변)똥, 오줌; 죽간본의 글자 便 는
作(지을 작)과 又(또 우)를 합친 글자이다.
'덜 익어서 다시 짓는다'는 뜻의 글자이다. 통행본은 作으로 새
기고 있으나 뒤에서 作으로 새긴 글자와는 완전히 다른 글자이
므로 이는 잘못된 것이다.

⑮ 怡(이) 기뻐하다; 怡 는 台(별 태)와 心(마음 심)을 합친 글자이다.
통행본은 유사한 자형의 治로 옮겼으나 이는 잘못이다.

爲　而　弗　志⑯　也

위　이　불　지　야

위로 갔으나 이루지 못한 뜻이요

⑯ 志(지) 뜻

⑰
成 而 弗 估
성 이 불 고

이루고자 하였으나 평가받지 못한 것이니

⑰ 成(성) 이루다; 은 ⑥의 成(成)과는 자형이 약간 다르다. 이
글자는 명확치 않다. 통행본과 같이 成으로 새겨둔다.

다만 지금의 成은 万(일만 만)을 구성요소로 하고 있으나, 여기의
은 千(일천 천)을 구성요소로 하고 있는 것으로 봐서 이루어
가는 과정을 나타내고자 한 것으로 보인다.

天佁弗估也 是以弗去也
천 동 불 고 야 시 이 불 거 야

⑱

하늘에서 참된 것으로 평가받지 못했다는 것은 옳게 씨 이어
가지 못해 천둥벌거숭이 같은 신세가 되었다는 것이라

⑱ 佁(동/통) 정성, 참되다, 곧다, 크다; 佁을 통행본에서는 唯로 옮
  기고 있다. 의미상 큰 차이는 없다. 亻과 同을 합친 글자로 판단
  하여 佁으로 새긴다. 명확치는 않다.

제10장 도긍망

도의 작용이 극에 이르러 (통행본 32장 윗부분)

道 亘 亡 名
도 긍 망 명

도의 작용이 극에 이르러 다 펼쳐진 것을 명(名)이라 하니[8]

① 道(도) 길, 도리, 근원;

② 亘(긍) 건너다, 뻗치다, 극진하다, 가로지르다, 널리, 두루

③ 亡(망) 망하다, 달아나다, 죽다; 통행본은 《죽간 노자》의 亡을
　　모두 無로 바꾸어 놓았는데 이는 근거 없는 것인데, 이로 인하
　　여 《노자》는 이해할 수 없는 글이 되어 버렸다.

8) 名(명)은 夕(석)과 口(구)를 합친 글자이다. 月속에 있던 二가 一로 줄어들면 夕이
되는데, 이는 물속에 잉크 방울이 다 풀어지듯이 하루가 다 펼쳐져 저녁이 되었음
을 나타내는 글자가 夕(저녁 석)이다. 그러므로 名은 땅(口)에 떨어진 씨앗이 생명
을 다 펼쳐서 아름드리나무가 되듯 타고난 명(命)을 다했음을 나타내는 글자이다.
물질 속에서 일정한 궤도를 돌던 최외각전자가 궤도운동으로 축적된 전자기력에
힘입어 더 높은 에너지준위의 궤도로 팅겨나가기 직전의 상태에 비유할 만하다.
최외각전자가 팅겨나가 새로운 궤도를 돌기 시작하면 그 물질은 전체가 다른 물질
로 변하게 된다. 성인의 출현으로 인류의 신기원이 열리는 것도 이에 비견될 만하
다. 통행본 1장의 '도가도 비상도(道可道 非常道)가 이런 뜻을 나타내고 있다.
여기서의 可(가, 극)는 끝까지 갔다는 뜻이고, 常(상)은 아래의 도리라는 뜻이다.
裳(치마, 아랫도리 상)을 보면 그러한 뜻이 명확해진다. 옷도 윗도리와 아랫도리가
합쳐져야 온전한 한 벌의 의상(衣裳)이 되듯, 道도 하늘의 도(尙道)와 땅의 도(常道
또는 恒道)가 합쳐져야만 온전한 도가 된다고 죽간본 도덕경은 여러 군데서 강조
하고 있다. '도가도 비상도'는 도가 끝까지 가면 상도, 즉 아래의 도리가 이어지지
않는 다는 뜻이다. 아래의 도리가 이어진다면 그것은 끝까지 간 것이 아니니 논리
적으로도 당연한 말이다. 아래의 도리가 끝나는 곳에서 위의 도리가 시작되고 위
의 도리가 끝나는 곳에서 아래의 도리가 시작된다. 이러한 도리가 조화롭게 이어
지는 것이 천지의 도리라고 도덕경은 말하고 있다.

④　⑤　⑥
僕　侗　娗　天　地　弗　敢　臣
복　동　정　천　지　불　감　신

　여인의 몸에서 나온 종이 참된 정성으로 새로운 존재가 되었
는데 천지가 구태여 여전히 신하로 삼겠는가

④ 僕(복) 종; 僕을 통행본은 樸으로 옮겼으나, 이는 근거 없는 것
　이다.

⑤ 侗(동/통) 정성, 참되다, 크다; 侗을 통행본은 雖(비록 수)로 옮
　겼으나 앞장의 唯로 옮긴 글자와 죽간은 같은 글자이니 이는
　잘못이다.

⑥ 娗(정) 여자의 자; 娗는 그 자형으로 봐서 '여자의 몸에서 낳은
　바른 존재'의 뜻으로 새겨 볼 수 있겠다. 통행본에서는 微로 옮
　겼는데, 이는 잘못된 것이다.

侯	王	女	能	獸⑦	之
후	왕	녀	능	수	지

萬	勿	暗	自	賓⑧
만	물	암	자	빈

**임금님 중의 임금님과 그 여인은 능히 야만스런 존재들인 많
은 아닌 이들을 어둠 속에서 스스로 귀한 손님이 되게 하리라[9]**

⑦ 獸(수) 짐승, 야만; 죽간본에는 명확치 않으나 백서본 등을 참고
하여 獸로 새긴다.

⑧ 賓(빈) 손님; 통행본과 같이 賓으로 새겨 본다. 寶(보배 보)나 貧
(나눌 빈) 등의 뜻도 내포한 것으로 볼 수도 있겠다.

---

9) 신약성서의 천국의 혼인잔치와 유사한 비유로 볼 수 있겠다.

제11장 천지상회

천지 사이에서 서로 모여 (통행본 32장 아랫부분)

천지[10] 사이에서 서로 모여 이어나감은 구차스런 단맛 한순 간의 이슬 같은 것

① 地(지) 땅, 육지: 죽간의 埅는 地의 옛 글자이다. 옛 글자들 중에는 변에阝(언덕 부)가 있는 글자도 있고 없는 글자도 있다. 죽간의 埅는 陀(비탈질 타)의 아래에 土(흙 토)를 합쳤다.

② 會(회) 모이다

③ 逾(투/유) 구차스럽다, 넘다; 霝를 통행본에서는 雨로 옮기고 있으나, 이는 근거 없는 것이다.

④ 甘(감) 달다, 단 맛, 만족하다

⑤ 露(로) 이슬, 진액, 허무함, 부서지다

---

10) 天地이다. 죽간 속의 天은 一(한 일)아래 入(들 입) 두 개를 포갰다. 그 아래 만물 이 올라가서 거듭 들어가야 할 곳이 하늘이라는 뜻이다. 죽간 속의 地는 阝, 它. 土를 합쳐놨는데 陸(뭍 육), 陛(대궐섬돌계단 폐), 墜(떨어질 추) 등의 글자와 닮 아있다. 땅은 하늘에서 떨어지는 비탈 같은 곳이니 거기서 다시 성장하여 대궐 같이 높은 곳으로 올라갈 섬돌로 삼아 하늘로 거듭 올라 들어가라는 뜻을 담은 듯하다.

民	莫	之	命	天	自	均
민	막	지	명	천	자	균

어리석은 이들 해 저문 어둠 속으로 가라 명하는 것은 하늘
이 스스로 죄다 가지런히 하려 함이네

⑥ ⑦
安 部 折 又 名 名 亦 旡 又
안 부 절 우 명 명 역 기 우

안 된 것들 언덕 아래 꾸짖어 보내 펼치고 펼쳐서 잇고 이어서

⑥ 部(부) 떼, 부락, 언덕, 나누다; 명확치 않으나 𦎧의 자형 등을
　고려하여 部으로 새겨 둔다. 통행본은 始(비롯할 시)로 옮겼다.
　같은 글자를 뒤(⑨)에서는 殆로 옮기고 있으니 이는 잘못이다.

⑦ 折(절) 꺾다, 꾸짖다

夫 亦 暗 知 知 步
부　역　암　지　지　보

步 所 以 不 部
보　소　이　불　부

공부하는 이들 이어가서 어둠을 알고 그 알아가는 걸음걸음
처하는 곳은 씨 이어 아닌 이들 떼 지어 가는 곳

⑧ 步(보) 걸음; ⸙를 통행본은 止로 옮겼으나, 이는 근거 없는 것
　　이다.
⑨ 部(부) 떼, 부락; ⸙를 통행본은 殆(위태로울 태)로 옮기고 있다.
　　같은 글자를 始와 殆로 다르게 옮긴 것은 자의적인 것이다.

⑩
卑　道　之　在　天　下　也
비　　도　　지　　재　　천　　하　　야

낮은 곳에 도가 가서 있다는 것은 하늘이 내려와서 이음이나

⑩ 卑(비) 낮다; ꝋ를 통행본에서는 음이 유사한 譬(비유할 비)로 새
기고 있으나 이는 자의적인 것이다.

猶　少　浴　之　與　江　海
유　소　욕　지　여　강　해

다만 적은 이들만이 강과 바다와 더불어 깨끗해지네

제12장 우장제성
또 장차의 가지런함을 이루기 위해 (통행본 25장)

又	將①	齊②	成	先	天	地	生
우	장	제	성	선	천	지	생

또 장차의 가지런함을 이루기 위해 먼저 천지가 낳는 것이니

① 將(장) 장차, 마땅히; 은 어떤 글자인지 명확하지 않다. 통행
본은 狀으로 옮겼다.
② 齊(제) 가지런하다; 는 어떤 글자인지 명확치는 않다. 통행본
은 混으로 옮겼지만 자형이 완전히 다르다. 蟲(벌레 충)으로 볼
여지는 있다.

③　　④　　⑤　　　　　⑥

攴攵　縏　蜀　立　不　亥

탈　　경　　촉　　립　　불　　해

**힘줄을 빼앗아 애벌레처럼 자리하게 하고 아직 아닌 이들을
풀어 다시 하리니**

③ 攵(탈) 빼앗다; 攵을 통행본은 寂으로 옮기고 있지만 이는 근거
　 없는 것이다.

④ 啓(경/계) 창집, 힘줄; 縏을 통행본은 廖로 옮겼으나, 이는 근거
　 없는 것이다.

⑤ 蜀(촉) 나비, 애벌레;

⑥ 亥(해) 풀다; 亥를 통행본은 改로 새기고 있으나 이는 자의적인
　 것이다.

110　　놀랩 로자 노자 말씀

呵 以 明 天 下 母

⑦
呵 以 爲 天 下 母
가 이 위 천 하 모

꾸짖음으로써 위하는 것이 하늘 아래 어미 같도다

⑦ 呵(가) 꾸짖다; 可는 可(가할 가)를 좌우로 뒤집은 글자로서, 이
를 可로 새긴 통행본은 잘못된 것이다.

未 智 元 司 樂 智 日 道

⑧

未	知	其	名	樂	知	曰	道
미	지	기	명	악	지	왈	도

아직 드러나지 않은 그 이름 풍류(樂)[11]가 드러나서 가는 것을
일러 도(道)라 하니라

⑧ 樂(악) 풍류(風流); 樂은 지금 현재 '풍류 악, 좋아할 요, 즐길 락'
의 세가지 쓰임이 있는 글자이다. 《노자 죽간본》에서는 이 셋을
𤰻(갑본 12장), 𤲃(갑본 2장,병본 3장), 樂(병본 3장)로 다르게 표
현하고 있다. 통행본은 𤰻는 字로, 𤲃과 樂는 樂으로 옮기고
있으나 𤰻과 字는 모양이 확연히 다르므로 이는 잘못이다.

11) 樂(풍류 악)이다. 樂 중에서 〈즐거울 락〉이 펼쳐지는 과정이나 다 펼쳐진 상태를 표현한 것이라면, 〈풍류 악〉은 그 가능성을 머금은 상태이며, 〈좋아할 요〉는 그 좋은 결과를 이어간다는 뜻일 것이다. 지금의 樂은 이 세 가지를 다 포괄하여 같은 글자로 표현하고 있다.

죽간본의 〈풍류 악〉자인 ❋를 해체해 보면, 才(재주 재)의 양쪽 위쪽에 幺(작을 요) 두 개를 그린 모양이다. 아직 펼쳐지지 않은 실타래처럼 작은 가능성(幺) 둘이 합쳐져(十) 아래에 씨를 만든 모습인데 그 씨는 장차 펼쳐질 가능성이 되고, 그것이 펼쳐지면 재주(才)가 된다. 이러한 잠재된 가능성을 펼쳐가는 것이 道라고 이 장에서 노자는 말하고 있는 것이다. ❋는 幾(기미 기)와 닮았다. 아직 기미와 조짐에 머물러 있는 상태인 것이다.

우리말 '풍류'도 '멋스럽게 노는 일'이라는 뜻이니 우리 조상들은 그렇게 살아가는 것을 멋스럽게 노는 일로 여긴 듯하다. 신라의 화랑도를 풍류도라고도 하였고 최치원도 우리에게 현묘한 도가 있으니 신선도, 풍류도라 한다고 하였는데 노자가 풍류도를 말하고 있으니 놀라운 일이다. 원래의 노자는 정말로 고조선 사람이 아닐까?

통행본은 字(자: 글자, 암컷, 양육하다)로 새기고 있는데, 풍류가 가능성이요 사람을 키우는 일이니 사람으로 치면 자식이 장래희망이요 그 자식의 지혜를 키우는 것은 文字이니, 字로 새기는 것도 터무니없는 것은 아니나, 위의 글자는 자형상 樂(풍류 악)이 맞다. 風流할 때 流자에도 거꾸로 된 子가 들어있으니 樂이나 字 모두 자식을 양육하는 것과 연관된 글자이다. 미당 서정주의 시 〈자화상〉 중에 "나를 키운 것은 팔 할이 바람이었다."라는 구절이 묘하게 오버랩된다. 영어 rear(뒤쪽, 궁둥이, 양육하다)라는 단어와도 통하는 바가 있다.

부족해서 이 땅에 떨어진 이들을 양육하는 것과 연관이 있는 말들인데, 집에서 자녀를 키우는 것은 字요, 나라에서 인재를 키우는 것은 화랑도요, 천하가 사람을 키우는 것은 풍류이니 이 모두 道라 할 수 있겠다. 참고로 樂(풍류 악)은 岳(큰산 악)과 음이 성조, 반절까지 동일하니 같은 뜻을 내포하고 있는 글자인데 신라 화랑이 금강산에서 수련했다는 말과도 통한다.

妊 傷 爲 之 名 曰 大 大
임 탕 위 지 명 왈 대 대

잉태하여 방탕한 것을 씻어내기 위해 가서 펼치는 것을 일러
"크다, 훌륭하다(大)" 하고

⑨ 傷(탕) 늪, 호리다, 허물어뜨리다, 씻다, 방탕하다; 㑋를 통행본
은 強으로 옮겼으나 글자의 형태상 이 글자는 傷이 맞다.

曰	龍	龍	曰	遷	遷	曰	反
왈	룡	룡	왈	천	천	왈	반

훌륭한 것을 용(龍)이라고도 하며, 용은 '올라간다(遷)'라고 하고[12], 올라간다는 것은 '거스른다(反)'라고도 한다

---

12) 이를 한 글자로 표현하면 眞(참 진)이라 할 수 있겠다. 眞은 《설문》에 僊人變形
而登天也(선인변형이 등천야)라고 설명하고 있다. 그러므로 《설문》에서는 사람
이 신선으로 모양이 변하여 하늘로 올라가는 것을 참이라고 설명하고 있는 것
이 된다. 僊(신선 선)과 遷(오를 천)은 거의 유사한 뜻을 내포하고 있는 글자들이
므로 여기서의 '오른다'는 것은 한 글자로, 眞이라고 할 수도 있다. 참고로, 현재
僊(신선 선)은 仙 또는 僊으로 줄여서 쓰고 있다.

天	大	地	大	道	大	王	亦	大
천	대	지	대	도	대	왕	역	대

하늘도 크고, 땅도 크고, 도(道)도 크고, 왕 또한 크니

國 中 有 四 大 安 王 位 一 安
국　중　유　사　대　안　왕　위　일　안

그 구역에서 네 가지 가운데 왕(王)의 위치가 첫 번째라[13]

---

13) 王(왕)은 '왕, 으뜸, 통치하다, 바로 고치다' 등의 뜻이다. 허신은 《설문》에서
'王, 天下所歸往也'라고 하여 왕은 천하를 하늘로 돌아가도록 하는 존재라고 하
였다. 또 공자는 一貫三爲王이라 하였다 하는데 '一로써 三을 관통하기 위한 것
이 왕'이라는 뜻이다. 천지인을 관통하여 자연을 본받게 하는 존재가 왕이니 제
일의 위치라는 뜻일 것이다.

人 法 地 地 法 天 天
인 법 지 지 법 천 천

法 道 道 法 自 然
법 도 도 법 자 연

사람은 땅을 본받고 땅은 하늘을 본받고 하늘은 도를 본받고
도는 자연을 본받는 것이라

제13장 천지지간
천지의 사이는 (통행본 5장)

天 坒 Ψ 꺼 兀 錢 ⑪ 籥 牌

天	地	之	間	其	① 猶	② 勺	③ 籥	④ 與
천	지	지	간	기	유	문	약	여

천지의 사이는 거기서 인류(猶)를 감싸고 있는 피리[14] 같도다

① 猶(유) 오히려, 다만, 마땅히, 원숭이(구세계원숭잇과와 신세계원숭
   잇과의 총칭)

② 勺(문) 싸다; 통행본은 이 글자를 橐(전대, 풀무, 절구찧는소리 탁)
   으로 옮겼지만, 뜻은 잘 통하나 원래 죽간본의 글자와는 상관
   이 없는 글자이다. 죽간의 글자는 땅이 사람을 감싸고 있는 형

상이니 勹이 분명하다.

③ 籥(약) 피리, 열쇠, 쇠 채우다, 뛰다; 명확하지 않으므로 일반적인 견해를 따라서 일단 籥으로 새겨 본다. 籥은《설문》에 '글 배우는 아이의 대나무 회초리'라고 나온다. 籥은 竹(대 죽)과 龠(피리 약)을 합친 글자이다. 龠은《설문》에 '대나무 관에 구멍을 세 개 뚫어 조화로운 소리가 나는 악기'라고 설명하고 있다. 또 品(물건 품)과 侖(바퀴 륜)을 구성요소로 하는 글자라고도 설명하고 있다. 侖은 理라고도 했다.《설문》에 따르면 籥은 꾸짖음, 훈육, 조화, 도리 등의 뜻을 내포하고 있는 글자로 볼 수 있다.

④ 與(여) 더불다, 참여하다, 주다; 명확하지 않다. 與로 옮긴 다른 글자들과는 그 모양이 조금 다르지만 다양한 뜻을 담고 있는 글자인 만큼 그 뜻에 따라 모양을 조금씩 달리한 것이 아닌가 추정해 본다.

---

14) 籥(약)에 대해서는 의견이 분분하다. 혹은 전대라고도 하고, 혹은 풀무라고도 한다. 전대는 소중한 것을 넣어서 보호하고 필요할 때 꺼내 쓰는 용도이고, 풀무는 금속을 제련할 때 바람을 불어넣는 도구이다. 어떻든《죽간 노자》의 이번 장은 천지를 소중한 존재를 감싸 보호하고, 생명의 바람을 불어넣어 단련시키고 키우는 어버이 같은 존재로 묘사하고 있는 듯하다. 그러한 의미에서 천지를 籥에 비유할 때의 籥은 단순한 피리가 아니라《설문》에서 설명하고 있는 것처럼 '꾸짖음, 훈육, 조화, 도리' 등의 뜻을 내포하고 있는 글자로 새겨야 할 것이다.

또, 죽간본 글씨의 자형상 籥(약)을 雚(황새 관)으로 볼 여지도 있다고 본다. 북유럽 신화에서 황새는 태어날 아기를 물어오는 존재로 나온다 한다. 황새는 물위에서 지켜보다 물고기를 부리로 낚아채는 존재이니, 물고기에게는 저승사자 같은 존재이기도 할 것이다. 천지지간을 물로 여기고 물을 떠나서는 살 수 없는 물고기같이, 그곳을 떠나서는 살 수 없을 것으로 여기고 사는 노둔(魯鈍)한 우리들을 물 위에서 지켜보다가 때가 되면 어딘가로 물어 나르는 雚(황새)에 천지를 비유한 구절로 새겨볼 수도 있을 듯싶다.

虛 而 不 屈 動 而 愈 出

⑤

虛 而 不 屈 動 而 愈 出
허　이　불　굴　동　이　유　출

더불어 함께 그 큰 언덕에서 아직 아닌 이들 구불구불 움직
임 이어 나가서 다 나으면 나가게 되리라

⑤ 虛(허) 비다, 비워두다, 공허하다, 큰 언덕;《설문》은 虛를 大丘
(큰 언덕)이라고 설명하고 있다. 여기서는 큰 언덕으로 새긴다.

제14장 지허긍

떨어진 그 언덕에서 끙끙거리며 (통행본 16장)

떨어진 그 언덕에서 끙끙거리며 이어나가라 짐승들아 그 가
운데서 정성으로 이어나가라

① 獸(수) 짐승, 야만; 戕를 통행본은 守로 옮기고 있지만, 이는 근
　거 없는 것이다.
② 中(중) 가운데; 츈은 그 자형을 참고하여 甬으로 새겨 볼 수도
　있겠으나 명확치 않으므로 통행본과 같이 中으로 새긴다. 의미
　상으로 큰 차이는 없다.

萬 勿 方 作 估 以 須 復③ 也

만 물 방 작 고 이 수 복 야

이렇게 많은 아닌 이들 땅에서 지어나가라 값 매김받고 이로
써 모름지기 돌아가 이어가리니

③ 復(복) 되돌아가다, 제거하다, 털어내다, 회복하다

天 道 願 願 各 復 其 董
천 도 원 원 각 복 기 근

하늘로 가는 길은 각자가 원하는 바대로 돌고 돌아서 그 진흙밭을 가는 것이라

④ 願(원) 바라다, 원하다; 𤯍을 판본에 따라 員, 圓, 芸 등으로 옮기고 있으나 명확치는 않다. 𤯍이 머리를 강조하고 있는 것으로 봐서 일단 願으로 새긴다.

⑤ 董(근) 진흙, 조금, 때, 흙 바르다; 𤮷을 통행본은 根으로 새기는데 비슷한 음을 취한 것으로 보이지만 이는 자의적인 것이다.

제15장 기린야이

그것을 너무 아끼면 (통행본 64장 윗부분)

其 吝 也 易 柴 也
기 린 야 이 시 야

그것을 너무 아끼면 거기서 이어나가기가 쉽고

① 吝(린) 인색하다; ⛰을 통행본은 安으로 옮겼으나 자형이 완전
   히 다르다.
② 柴(시) 섶(땔감), 제사, 쌓이다, 거칠다; 죽간의 ⛰은 止와 木을
   합쳤는데, 柴는 여기에 죽음을 뜻하는 匕를 더했으니 이승과
   저승을 오가며 쌓아간다는 뜻의 글자로 보인다. 통행본은 持로
   새겼는데, 이는 현실에서의 삶을 유지한다는 뜻이 강하므로 柴
   와는 대조적이다.

③　　　　　④
其　未　莎　也　易　悔　也
기　미　보　야　이　회　야

그것이 아직 풀처럼 흐트러지기 전이라야 뉘우치기 쉽고

③ 莎(보) 꼴(짐승에 먹이는 풀), 흐트러진 풀; ✿을 통행본은 兆(조
　집 조)로 옮겼는데 자형이 완전히 다르다.

④ 悔(회) 뉘우치다; ✿을 통행본은 謀로 옮겼는데, 이는 근거 없
　는 것이다.

元 霝 ? 罗 令 ?

⑤
其 霖 也 易 略 也
기 림 야 이 략 야

그곳에 장마가 이어져야 간략히 하기 쉽고

⑤ 霖(림) 장마; 霝을 통행본은 脆로 새겼지만, 이는 근거 없는 것
이다. 霝이 무슨 글자인지는 명확치 않다. 일단 자형이 비슷한
霖으로 새긴다.

⑥ 略(략) 간략히 하다; 令을 통행본 등은 破 또는 泮 등으로 옮기
고 있다.

元 𣂪 乀 𠔿 𣂪 乀

其 幾 也 易 伐 也
기 기 야 이 벌 야

⑦

그곳에 기미가 있을 때에 쳐서 바르게 하기 쉽고

⑦ 伐(벌) 벌하다; 𣂪을 통행본은 散으로 옮겼는데, 이는 근거가
　없는 것이다.

爲 之 於 其 亡 又 也
위 지 어 기 망 우 야

위로 가기 위해서는 그곳에서 죽어야 하고

緝 𡉣 㪔 元 未 𤔔

⑧
緝 之 於 其 未 亂
집 지 어 기 미 란

잘 엮어가기 위해서는 그곳이 어지럽지 않아야 하리

⑧ 緝(집) 모으다, 길쌈하다; 緝을 통행본은 治로 옮겼지만 자형이
다르다.

會　仦　ﾎﾞ　九　戚　ﾑ

會　파　본　九　成　之
회　　　　　　구　성　지

ﾖ　ﾄ　ﾝ　ﾝ　己　下

臺　区　파　본　足　下
대　구　　　　　족　하

(파본 부분 생략)

제16장 지지자불

드러나는 이는 건너간 것이 아니고 (통행본 56장)

睿 之 畜 丰 言 言 之 畜 丰 睿

知 之 者 弗 言 言 之 者 弗 知

지 지 자 불 부 부 지 자 불 지

드러나는 이는 건너간 것이 아니고 건너간 이는 드러나지 않으니

① ②

閟 其 兌 寶 其 門 和

비 기 태 보 기 문 화

③ ④

其 光 迥 其 新 新

기 광 동 기 신 신

비밀스러운 그 구멍 같은 문, 보배만이 그 문으로 들어가리
니 화(和)한 그 빛은 통과한 그곳에서 새로 새로 이어가리라

① 閟(비) 문 닫다, 숨기다, 마치다, 으슥하다; 嬰 을 통행본은 자형
   이 유사한 閉로 새겼다. 자형상 閟로 볼 여지도 있다.

② 寶(보) 보배; 饕을 통행본은 塞으로 새기는데 이는 근거 없는
   것이다.

③ 洞(동) 지나다, 통하다

④ 新(신) 새롭다; 자형이 新과는 조금 다르지만, 유사한 글자를 찾
   기 어려우므로 新으로 새겨 둔다.

（甲骨文・金文風の字）元 畜 軒 六 紛 畜 畜 畜 同

⑤ ⑥ ⑦
留 其 覼 解 其 紛 是 眔 玄 同
유　기　라　해　기　분　시　답　현　동

남아있는 이들 놀랍고 기쁘게 바라보면서 그 엉클어진 것을
풀고 옳은 이를 뒤따라가면 결국은 가물가물 같아질 그것은

⑤ 留(유) 머무르다; 畜를 통행본은 銼로 옮기는데, 이는 근거 없
　　는 것이다.

⑥ 覼(라) 기쁘게 보다, 자세하다; 畜 통행본은 銳로 옮기고 있다.
　　睘(놀라 바라볼 경)으로 볼 여지도 있으나 명확치는 않다.

⑦ 解(해) 풀다

古　不　可　尋　天　親
고　불　가　득　천　친

亦　不　可　尋　天　疋⑧
역　불　가　득　천　소

아직 아닌 이들 끝까지 가면 얻을 수 있는 하늘의 사랑이요
아직 아닌 이들 끝까지 가면 얻을 수 있는 하늘과 짝함이요

⑧ 疋(아, 필, 소) 바르다, 짝, 발

不　可　尋　天　利　亦
불　가　득　천　리　역

不　可　尋　天　⑨
　　　　　　　壽
불　가　득　천　수

아직 아닌 이들 끝까지 가면 얻을 수 있는 하늘의 이로움이요
아직 아닌 이들 끝까지 가면 얻을 수 있는 하늘의 생명이요

⑨ 壽(수) 목숨; 는 그 자형으로 볼 때 壽가 맞을 것 같다. 를
통행본은 돔로 새기고 있는데 2장에서는 도 돔로 옮긴 것은
잘못이다.

不 可 尋 天 貴 亦

불 가 득 천 귀 역

可 不 可 尋 天 戔 ⑩

가 불 가 득 천 잔

아직 아닌 이들 끝까지 가면 얻을 수 있는 하늘의 귀함이요
아직 아닌 이들 끝까지 가면 얻을 수 있는 하늘에 남음이라

⑩ 戔(잔) 남음, 적다, 쌓다, 드러나다, 깎다; 纵을 통행본은 賤으
로 옮기고 있다. 거듭해서 바르게 쳐내서 적은 이들만이 남는
다는 의미로 새겨둔다.

古 𦥑 天 下 鼻

古 爲 天 下 貴
고 위 천 하 귀

그렇게 오래도록 위로하면 하늘 아래가 다 귀하게 되리라

제17장 이정지방

씨를 이어 바르게 된 제후 (통행본 57장)

以 正 之 邦 以 敧 用 兵

이 정 지 방 이 기 용 병

씨를 이어 바르게 된 이 제후로 삼아 집는 도구로 쓰기 위해
서 언덕 아래로 내려 보냄은

① 敧(기) 기울어지다

以 亡 事 取 天 下
이 망 사 취 천 하

섬기는 일을 그르친 이들 하늘 아래서 취하고자 함이니

妊 可 以 知 其 肰② 也
임 가 이 지 기 연 야

**여인의 몸에 잉태됨으로써 드러낸 것은 그것을 그렇게 하기
위함이라**[15)]

② 肰(연) 그러하다; 통행본은 然으로 새기고 있다, 然과 같은 글
　자이다.

---

15) *然*(그럴 연)이다. 然은 肉(고기 육), 犬(개 견), 灬(불 화)를 합친 글자이다.
　《노자》에서 핵심적인 글자인데 고기, 개, 불이 도대체 道와 무슨 상관이라는 말
　일까?
　생명이라는 것이 음식을 먹고 소화시켜 얻은 에너지로 육신을 불살라 가는 과정
　과 같으니 肉과 灬는 그렇다 쳐도 개는 여기서 왜 나오는 것일까?
　산스크리트어로 'saarameya(사아라메야)'는 개라는 뜻이다(옥스퍼드사전
　1208p). 산스크리트어로 'meya'는 인식하다, 측정한다는 뜻이니 개는 사람을
　인식하고 측정하는 문지기 같은 존재라는 뜻이 된다. 그렇다면 '그러하다(然)'는
　것은 육신을 불살라 道를 실천하고 그 결과를 측정해서 들어갈 다음 문이 정해
　진다는 뜻으로 볼 수도 있겠다.

夫　天　多　期　韋　天　民　爾　略③
부　천　다　기　위　천　민　이　략

공부해 하늘로 가려 하는 이들에게 많은 기간이 필요하듯이,
어긋난 하늘 아래 어리석음이 꽃처럼 성한 이들은 추스름이
필요하리라

③ 略(략) 간략히 하다; ꞵ을 통행본은 貧으로 옮겼는데, 같은 글
　 자를 15장에서는 다른 글자로 옮기고 있으니 이는 잘못이다.

民　多　利　器　天　邦　慈　昏
민　다　리　기　천　방　자　혼

어리석은 이들 많은 이로운 그릇(利器) 속에서 하늘 제후와 사
랑을 섞고

人　多　知　天　敲　勿　慈　起
인　다　지　천　기　물　자　기

사람이 여러 번 펼쳐 가면 알게 될 그 하늘이 비탈 위의 아닌
이들 사랑으로 일으키리니

法 勿 慈 章 徛 惻 多 有
법 물 자 장 척 측 다 유

본받음이 아닌 이들에게 자비롭게 펼쳐지면 오름에 진심을 다하려는 사람들이 많아지리라

④ 徛(척) 오르다; 통행본에서는 盗으로 새기지만, 이는 근거 없는 것이다.

⑤ 惻(측) 진심을 다하는 모양, 가엾게 여기다; 통행본은 賊으로 옮기고 있으나, 이는 근거 없는 것이다. 1장의 🖋 도 惻으로 새긴 바가 있는데 🖋 과는 차이가 있다.

🖋이 '가엾게 여기다'라는 뜻이었다면 🖋 은 '진심을 다한다'는 뜻이어서 그런 것 같다. 명확하지는 않다.

是　以　聖　人　之　音　曰
시　이　성　인　지　부　왈

옳게 씨 이은 성인이 떠나가면서 하시는 말씀이,

我　無　事　天　民　自　福
아　무　사　천　민　자　복

"내가 없어도 섬김이 하늘 백성 스스로 복되게 하고

我　亡　爲　天　民　自　歸
아　망　위　천　민　자　귀

내가 사라져도 위함이 하늘 백성 스스로 돌아가게 하고

我　好　靑　天　民　自　正
아　호　청　천　민　자　정

나를 닮은 푸르름이 하늘 백성 스스로 바르게 하리니

我 谷 不 谷 天 民 自 樸 乙

我 谷 不 谷 天 民 自 樸 乙^⑥

아 곡 불 곡 천 민 자 박 을

나의 골짜기에서 아직 아닌 이들 성장하고 하늘 백성 스스로
순박해져서 다음으로 이어져가거라."

⑥ 乙(을) 새, 둘째; 어떤 부호로 볼 수도 있지만 여기서는 일단 다
음(둘째)으로 이어진다는 뜻으로 새긴다.

제18장 흠덕지후자
마음속 깊은 덕이 두터운 이를 (통행본 55장)

①
歙 德 之 厚 者 比 於 赤 子
흠　덕　지　후　자　비　어　적　자

마음속 깊은 덕이 두터운 이를 '붉은 애(赤子)'에 비유하자면

① 歙(흠) 흠향하다, 부러워하다; 𢾅을 통행본은 숨으로 새기고 있
　　으나, 이는 잘못된 것이다.

② ③ ④

界　萬　萬　它　弗　贏
계　만　만　사　불　영

⑤　⑥　⑦　　　　　⑧

穫　皋　獻　獸　弗　扣
확　고　헌　수　불　구

　끝으로 달려간 수많은 벌레들 다 이기지 못하고 오로지 이긴 자 하나만이 거두어져서 봉긋한 못에서 맞이한 이 짐승이 되고 아닌 것들은 두드려 내쳐지게 된 것이니

② 界(계) 끝, 경계

③ 它(사, 타) 다르다, 어지럽다, 뱀; 이는 용이 되지 못한 뱀, 수정되지 못한 정충, 높은 곳으로 가지 못한 사람 등 일정한 목표를 향해 달려가는 존재들을 묘사하는 글자이다. 단순하게 뱀이 아니다.

④ 贏(영) 이기다; 𧕴 은 통행본처럼 독을 쏘는 글자 蠤이 아니다.

⑤ 穫(확) 수확하다; 𤸷 을 통행본은 攫(움킬 확)으로 옮겼다.

⑥ 睪(고) 불알; 𪅂 을 통행본은 鳥로 옮겼지만, 이는 근거 없는 것이다.

⑦ 獻(헌) 드리다, 맞이하다; 명확하지는 않으나 죽간 글자의 모양으로 봤을 때 獻이 맞다고 본다. 傳(전할 전)으로 볼 여지도 있다고 본다. 통행본은 猛으로 옮겼다.

⑧ 扣(구) 제거하다

骨 勺 菫 𡐨 天 踊 固

⑨　⑩　⑪　　⑫

骨 勺 菫 望 天 踊 固

골 작 근 랑 천 용 고

뼈와 같은 오롯함은 외나무다리를 건너게 하고 진흙 같은 허물은 낭떠러지로 떨어버리니 이는 저 하늘로 용솟음치려는 굳건함이라

⑨ 勺(작) 외나무다리, 돌다리; 𢆉을 통행본이 弱으로 옮긴 것은 근거 없는 것이다.

⑩ 菫(근) 진흙; 𦰩을 통행본은 음이 유사한 筋으로 옮겼지만, 이는 근거 없는 것이다.

⑪ 𡐨(랑) 낭떠러지; 𡐨을 통행본은 柔로 새겼으나, 이는 근거 없는 것이다.

⑫ 踊(용) 솟다, 뛰다; 𢪛을 통행본에서는 握으로 옮겼으나, 이는 근거 없는 것이다.

未 知 牝 戌 之 盒
미 지 빈 술 지 합

⑬ ⑭

易 惹 精 之 至 也
양 야 정 지 지 야

⑮ ⑯

　아직 드러내지 않은 암컷의 무기가 뚜껑을 열고 햇살 같은
양기(陽氣)를 안으로 이끌어가니 그 정결함이 가서 지극함으로
이어지리라

⑬ 戌(술) 마름질하다, 정성; 戌을 통행본은 牝로 옮겼지만, 이는
잘못이다.

⑭ 盍(합) 뚜껑; 盍을 통행본에서는 合으로 옮기지만, 이는 근거
없는 것이다.

⑮ 昜(양) 볕, 빛; 昜을 통행본은 然으로 옮겼지만, 이는 근거 없는
것이다. 죽간에서는 日 대신에 丄(수컷 표시 옛 글자)을 넣어서
태양의 양기 대신 사람의 양기임을 분명히 하고자 함으로 보인
다. 명확하지는 않다.

⑯ 惹(야) 엉거 붙다; 惹을 통행본은 怒로 새겼으나, 이는 잘못이다.

終 日 婚 天 不 憂 和 之 至 也
종 일 혼 천 불 우 화 지 지 야

마침내 그 햇살 같은 씨는 하늘 같은 알로 들어가 혼인하였
으니 아직 아닌 이들의 근심을 다 화해해 주는 그 지극함에 다
다랐음이라

和 日 㝧 知 和 日 明 賹 生
화 왈 포 지 화 왈 명 애 생

화(和)함이란 보배가 성채에 들어간 것과 같이 열매 맺음이요
화(和)함을 앎이란 빛이 몸에 들어가 부쳐 보내 틔움과 같은 것
이라

⑰ 㝧(포/실/지) 감추다 열매, 씨, 종자, 도달하다;

　　㝧 는 葆(보배, 성채 보)와도 자형이 유사하다.

　　통행본은 常으로 옮기고 있으나 常과는 죽간본 글자의 모양이

　　좀 다르다. 초나라의 㝧 자를 보면 죽간본의 글자와 유사하다.

　　그래서 이 글자는 㝧가 맞다고 본다.

⑱ 賹(애/일) 부쳐 보내다, 남에게 보내는 선물, 무게의 단위

日　衆　心　使　譙　曰

왈　중　심　사　초　왈

들지 못한 무리들의 마음으로 하여금 꾸짖으며 말씀하시길,

⑲ 衆(중) 무리; 䍒을 통행본은 祥으로 옮겼다.

⑳ 譙(초) 꾸짖다; 㷒을 통행본에서는 氣로 옮겼으나, 이는 근거
  없는 것이다.

傷 ⼘ 𦮷 𜀀 𠓘

㉑ 傷　㉒ 臧　㉓ 則　老

傷　勿　臧　則　老

탕　물　장　즉　노

"방탕한 아닌 것들을 감추어서 좋게 만들어가는 것이 곧 늙어감이니,

㉑ 傷(탕) 방탕하다; 傷 을 통행본은 强으로 옮겼으나, 이는 근거 없는 것이다.

㉒ 臧(장) 착하다, 좋다, 감추다; 𦮷 을 통행본에서는 壯으로 옮겼다. 명확하지는 않다.

㉓ 則(칙/즉) 법칙, 곧

是 衆 不 道
시　답　불　도

옳은 길로 뒤따라가야 하는 것이 아직 아닌 이들이 가야만
하는 길이나니라."

제19장 명여신

밑에서 펼쳐가기를 더불어 할 몸 (통행본 44장)

名 與 身 篤 親 身 與 貨 篤 多
명 여 신 독 친 신 여 화 독 다

밑에서 펼쳐가기를 더불어 할 몸 도탑게 친해야 하고 몸과
더불어 할 물건들도 도탑고 많아야 하니

① 篤(독) 돈독하다; 꽁 을 통행본에서는 孰으로 옮기고 있지만, 이
는 근거 없는 것이다.

② ③ ④
貶 與 氓 篤 肪
폄 여 맹 독 방

낮고 어려운 이들 잘 보살펴 살찌게 하고

② 貶(폄) 떨어지다, 폄하하다; ❀은 之와 貝를 합쳤으니 이 글자는
貶로 추정할 수 있으나 확실한 것은 아니다. 통행본은 得으로 옮
겼으나 앞에 得으로 옮긴 죽간본의 글자와는 확연히 다르다.

③ 氓(맹) 서민; ❀은 초나라 당시 자형상 氓과 유사하니 氓으로
옮긴다. 확실한 것은 아니다. 통행본은 敗로 옮겼으나 敗로 옮
긴 앞의 글자들과는 죽간본의 글자 모양이 확연히 다르다.

④ 肪(방) 살찌다; 통행본은 病으로 옮겼으나 초나라 당시의 글자
로는 肪이 더 비슷하니 肪으로 옮긴다. 확실한 것은 아니다.

⑤　⑥　⑦

甚　愛　求　大　弼　唇　藏　求　多　诐

심　애　출　대　필　진　장　출　다　맹

마음 깊이 아끼는 방법으로 크게 돕고 놀랍게 품어 큰 길에
많은 어려운 이들과 함께하면서

⑤ 弼(필) 돕다, 보필하다; 㣺을 통행본은 費의 가차자라고 하나
　　초나라 당시에 費자는 별도로 있었으니 가차할 필요가 없고 죽
　　간본 글자가 당시 초나라 글자 弼과 유사하니 이렇게 옮긴다.
　　확실한 것은 아니다.

⑥ 唇(진/순) 놀라다, 입술: 㞕을 통행본은 厚로 옮겼으나 앞에 厚
　　로 옮긴 글자와 다르고 죽간본의 자형상 이는 唇이 맞다고 본다.

⑦ 藏(장) 감추다, 숨기다

							⑧	⑨
古	知	足	不	辱	知	步	不	怠
고	지	족	불	욕	지	보	불	태

오래도록 알아나가면 아직 아닌 이들 그 욕됨을 드러내는 걸음 그만둘 것이니

⑧ 步(보) 걸음, 행위; 𣥿을 통행본은 止(그칠 지)로 옮겼는데 이는 근거 없는 것이다.

⑨ 怠(태/이) 그만두다, 게으르다, 업신여기다, 위태하다/안락하다, 기쁘다; 𢖩을 통행본은 殆(위태로울 태)로 옮겼는데 근거 없는 것이다.

可 以 長 舊^⑩

可　以　長　舊
가　이　장　구

결국 장하게 되어 절구통 같은 그곳에서 새처럼 날아가리라

⑩ 舊(구) 오래, 묵다, 늙은이; 𦥑을 통행본은 음이 비슷한 久로 새
기고 있다. 舊와 久는 둘 다 오래라는 뜻이 있으나, 舊는 臼(절
구 구), 隹(새 추), 艹(싹날 철)이 합쳐진 그 자형으로 보면 오래
묵어 익어서 새로운 곳으로 날아가는 느낌이고, 久는 한 곳에
계속 머무르는 느낌의 글자이다.

제20장 반야자
거슬러 가서 이어간다는 것은 (통행본 40장)

（書法字體 이미지）

① ②
返 也 者 道 僮 也
반 야 자 도 동 야

거슬러가서 이어간다는 것은 도가 어린아이처럼 새로워진다는 것이요[16]

① 返(반) 돌아가다, 바꾸다
② 僮(동) 아이; 僮을 통행본에서는 動으로 옮겼으나, 이는 근거 없는 것이다.

16) 道는 首(머리 수)와 辶(쉬엄쉬엄갈 착)이 합쳐진 글자이다. 쉬엄쉬엄 간다는 것은 불연속적으로 간다는 뜻이다. 같은 상태가 계속 이어지지는 않는다는 것이다.

首를 ﹑, ﹗, 一, 自로 나눠볼 수 있고, 또 自는 白, 一 또는 ﹗, 口, 二로 나눠볼 수 있는데 땅 위에서 부모가 만나 태어난 존재가 스스로를 펼쳐나가는 것이 自가 나타내는 뜻이다. 首는 그 스스로 가지고 태어난 명을 다 펼쳐서 하늘에 닿아 혼백이 분리되는 것을 표현한 글자로 보인다. 그러면 道는 하늘의 아래와 위를 불연속적으로 오가면서 혼백이 합쳐지고 분리되어 생사를 오간다는 뜻으로 볼 수 있겠다.

앞의 名을 설명할 때 살펴본 바와 같이 통행본 1장의 '도가도 비상도(道可道 非常道)가 이런 뜻을 나타내고 있다. 可(가, 극)는 끝까지 갔다는 뜻이고, 常(상)은 아래의 도리라는 뜻이다. 裳(치마 상)을 보면 그러한 뜻이 명확해진다. 옷도 윗도리와 아랫도리가 합쳐져야 온전한 한 벌의 의상(衣裳)이 되듯, 道도 하늘의 도(尙道)와 땅의 도(常道 또는 恒道)가 합쳐져야만 온전한 도가 된다. 도가도 비상도는 도가 끝까지 가면 常道, 즉 아래의 도리가 이어지지 않는 다는 뜻이다. 아래의 도리가 이어진다면 그것은 끝까지 간 것이 아니니 논리적으로도 당연한 말이다.

에너지가 일정한 수준에 도달하면 원자의 최외각전자가 더 높은 에너지준위로 튀어나가서 물질 전체가 변화하듯이 아래의 도가 차면 위의 도가 시작된다.

아래의 도리가 끝나는 곳에서 위의 도리가 시작되고 위의 도리가 끝나는 곳에서 아래의 도리가 시작된다. 이러한 도리가 조화롭게 이어지는 것이 천지의 도라는 것이 이 장에서 나타내고자 하는 바이다.

이 장의 내용을 자세히 풀어서 설명하고 있는 것이 통행본 1장(도가도 비상도)의 내용이다.

③

溺	也	者	道	之	用	也
닉	야	자	도	지	용	야

계속 이어간다는 것은 도가 가서 작용한다는 것이니

③ 溺(닉) 빠지다, 탐닉하다

天下之勿生於又生於亡

天下之勿生於又生於亡
천 하 지 물 생 어 우 생 어 망

하늘 아래의 아닌 것들은 솟으면 또 떨어지고 낳으면 죽는다

제21장 시이영지
거듭되는 삶을 이어서 채워가는 것 (통행본 9장)

柴	而	逞	之	不	不	若	已
시	이	영	지	불	불	약	이

거듭되는 삶을 이어서 채워가는 것은 아직 아닌 이들이 이미
옳게 되어 나가지 못했기 때문이요

① 逞(영) 차다; 통행본은 🌡을 음과 뜻이 비슷한 盈으로 옮겼다.

湍天群之不可長保也
단 천 군 지 불 가 장 보 야

소용돌이 같은 하늘로 무리지어 가는 것은 아직 아닌 이들이
끝까지 가서 오래도록 보전하기 위함이라

② 湍(단) 소용돌이, 급류

金 玉 湟 ㊂ ㊂ ㊂ 獸 ㊂

③   ④
金 玉 湟 室 莫 能 獸 也
금 옥 영 실 막 능 수 야

황금 구슬 가득한 집도 어둠 너머의 짐승에게 이어줄 수는 없음이며

③ 湟(영) 가득차다

④ 獸(수) 짐승; 獸을 통행본은 守로 옮겼으나, 이는 근거가 없는
   것이다.

貴　福　喬　自　遺　咎　也

귀　복　교　자　유　구　야

귀함, 복됨, 높음으로부터 스스로 떨어져 남아 허물을 이어
나가고 있는 것이니[17]

---

17) 이 문장은 "귀함, 복됨, 높음은 스스로 남겨놓을 허물이다."라는 해석이 더 자연스
러울 수도 있지만, 문맥을 고려하여 自를 '~부터'라는 뜻으로 보고 이렇게 새겼다.

攻 述 身 退 天 之 道 也 乙
⑤ ⑥ ⑦ ⑧ ⑨
攻 述 身 退 天 之 道 也 乙
공 술 신 퇴 천 지 도 야 을

공이 울리면 지금 이야기 속의 자신을 물리고, 하늘의 길을
따라 다음 이야기 속으로 가는 것이 하늘의 도(道)라[18]

---

18) 12장에서 말한 풍류(**筆**)가 원래 풀어내고자 했던 이야기를 즐겁게 다 펼쳐졌
으니(樂:즐거울 락), 남길 것은 남기고 멀리 이을 것은 이어서(樂:좋아할 요) 일
단락하고 하늘이 정해 준 다음 이야기 속으로 이어가는 것이 道라고 《죽간노자》
갑본의 마지막 장은 말하고 있다.
이야기가 계속 이어진다는 의미의 부호로 乙을 맨 마지막에 써놓은 것으로 짐작
된다. 실제로도 《죽간 노자》는 갑본에 이어 을본, 병본으로 이어지고 있으니 말
이 된다. 모든 것이 한 번으로 끝나는 일은 없다고 말하고 있는 듯하다. 종결자
가 다시 돌아오겠다고 말하며 끝을 맺는 영화 터미네이터의 마지막 장면처럼.

⑤ 攻(공)치다. 공격하다. 닦다. 다듬다. 거세하다(어떤 세력이나 대상 따위를 없애다). 꾸짖다. 굳다. 치료하다. 조련하다. (건물을) 짓다. (나무를)베다. 뚫다 ; 㢼을 통행본은 功(공 공)으로 옮겼으나 이는 근거없는 것이다.

⑥ 述(술) 잇다, 서술하다; 㳇을 통행본에서는 遂(드디어 수)로 옮기고 있으나 이는 근거 없는 것이다.

⑦ 身(신) 몸. 나 자신. 신분

⑧ 退(퇴) 물러나다. 물리치다. 변하다. 사양하다. 떨어뜨리다. 줄어들다. 닿다;【退는 중국의 현재 음으로는 [tui]이고 국제음표상으로는 [thuei]이며 지금의 음으로 줄이기 전의 음을 나타내기 위한 방법인 반절(反切)은 他內절이다. 退의 그 글자 모양과 음에 약간의 상상력을 덧붙이면 退는 죽어서 하늘에서 퇴짜 맞고 다른 사람으로 내려와서 다른 이야기 속의 캐릭터로 다시 환생하는 것을 의미하는 글자라고 한다면 지나친 억측일까?】

⑨ 乙(을) 새, 둘째; 어떤 부호로 볼 수도 있지만 여기서는 일단 다음(둘째)으로 이어진다는 뜻으로 새긴다.

놀랠 로자 노자 말씀
죽간으로 보는 완전 새로운 도덕경

1판 1쇄 발행 2023년 4월 27일

지은이 정재영

교정 신선미 편집 유별리 마케팅·지원 이진선

펴낸곳 (주)하움출판사 펴낸이 문현광

이메일 haum1000@naver.com 홈페이지 haum.kr
블로그 blog.naver.com/haum1007 인스타 @haum1007

ISBN 979-11-6440-346-2(03140)